AF277653

Populismo. Un enfoque cultural

Juha Herkman

Populismo.
Un enfoque cultural

Traducción de María Enguix Tercero

Alianza editorial
El libro de bolsillo

Título original: *A Cultural Approach to Populism*

Traducción autorizada de la edición en inglés publicada por Routledge, una división de Taylor & Francis Group.

Diseño de colección: Estrada Design
Diseño de cubierta: Manuel Estrada
Fotografía de Javier Ayuso

PAPEL DE FIBRA
CERTIFICADA

© Juha Herkman, 2022. All Rights Reserved
© de la traducción: María José Enguix Tercero, 2024
© Alianza Editorial, S. A., Madrid, 2024
    Calle Valentín Beato, 21
    28037 Madrid
    www.alianzaeditorial.es

ISBN: 978-84-1148-600-2
Depósito legal: M. 647-2024
Printed in Spain

Si quiere recibir información periódica sobre las novedades de Alianza Editorial, envíe un correo electrónico a la dirección: alianzaeditorial@anaya.es

Índice

Lista de figuras y tablas

Figuras

Tablas

Agradecimientos

Mi interés por el populismo nació hace una década aproximadamente, cuando escribí un libro académico en finés sobre la relación entre la política y los medios de comunicación. En él estudié particularmente la relación que existe entre los medios de entretenimiento y la política, y descubrí que el populismo estaba presente tanto en la literatura de investigación como en mis estudios de caso. A partir de entonces, decidí estudiar el populismo en profundidad y recibí financiación de la Academia de Finlandia para dos proyectos: «Representations of the Nordic populism» (2013-2018) y «Mainstreaming populism in the 21st century» (2017-2021). Estoy muy agradecido a la Academia de Finlandia por haber financiado mi investigación sobre el populismo y a todos los colegas que en sendos proyectos me han ayudado a descifrar el misterio del populismo durante los últimos diez años.

Este libro es una traducción modificada de mi ensayo en finés más reciente sobre el populismo. En 2019, Paul Rayes hizo la traducción de los dos primeros capítulos, pero desgraciadamente no la pudo continuar. Yo tenía otros proyectos entre manos y casi me olvidé de este. Sin embargo, a finales de 2020 saqué tiempo para seguir traduciendo yo mismo el resto del libro. También comprendí que era necesario actualizar el manuscrito a raíz de la pandemia de la COVID-19 y de la derrota de Donald Trump en las elecciones presidenciales de Estados Unidos en 2020. Terminé la primera traducción a principios de 2021 y después le pedí a Mark Shackleton que revisara el manuscrito. Finalmente, con la esmerada ayuda de Mark, pude concluir la tarea en febrero de 2021. Estoy muy agradecido a Paul y Mark por su competencia en inglés y su dedicación a la traducción del proyecto. También quiero dar las gracias a Routledge por haber aceptado el manuscrito en su programa, y a los cuatro revisores anónimos, cuyos comentarios me ayudaron a mejorarlo.

Cuando empecé a investigar sobre el tema, el populismo ya era objeto de estudio, pero no estaba en boca de todo el mundo. Hoy es un tema de investigación muy de moda debido al Brexit y a Donald Trump, que han captado sobremanera la atención de los investigadores angloamericanos. Mientras traducía este libro, ni el populismo político ni la investigación mostraron signos de aplacarse. Con suerte, mi manual contribuirá a la comprensión de la naturaleza actual, camaleónica y difusa, del populismo.

Helsinki, 15 de octubre de 2021
Juha Herkman

Introducción

A finales de 2016, el populismo se había reincorporado al léxico mundial como palabra de moda y se oía en todos los ámbitos sociales. El concepto cobró vigencia por primera vez en junio de ese año, cuando el Reino Unido e Irlanda del Norte celebraron un referéndum consultivo y, sorprendentemente, votaron a favor del Brexit, es decir, la salida de la Unión Europea (UE). Un factor que tuvo una incidencia importante en el resultado del referéndum fue la campaña nacionalista –que en gran medida ha sido calificada de populista– llevada a cabo por el Partido de la Independencia del Reino Unido (UKIP) y, en general, sus maquinaciones contra la Unión Europea. Por supuesto, en el Reino Unido había un caldo de cultivo para salirse de la Unión Europea, dado que desde hacía mucho tiempo existía un fuerte euroescepticismo en el país, que no se había incorporado a la eurozona ni había participado en la Unión Europea en la misma medida que Francia y Alemania (véase Leconte 2010, 99). Pero fue sobre todo la conversión del líder del UKIP, Nigel Farage, en el azote de la Unión Europea al dar la cara públicamente con vistosas actuaciones políticas de cierta notoriedad.

Cuando Donald Trump fue elegido presidente de Estados Unidos a finales de 2016, la sorpresa fue mayúscula. Ya su ascenso como candidato republicano a la presidencia suscitó gran asombro, y pocos creyeron que los métodos del multimillonario empresario le procurarían el cargo más poderoso del «mundo libre». Sin embargo, la campaña populista de Trump atrajo a los votantes de aquellos estados que tenían una mayoría de *blue-collar workers*[1], en los que su rival Hillary Clinton debería haber tenido más peso. Trump prometió «devolver a Estados Unidos su grandeza» reforzando la industria y los negocios nacionales, recrudeciendo el control de las fronteras y la inmigración, invocando la seguridad nacional y reduciendo el gasto público en seguridad social. Trump representaba todo lo contrario al dos veces presidente electo de Estados Unidos Barack Obama, que había promovido la igualdad, el multiculturalismo y los programas medioambientales; de hecho, Trump apeló a la población decepcionada con la administración Obama y consiguió retratar a Hillary Clinton como la representante de una élite corrupta, especialmente al hacer uso de la publicidad mediática que le proporcionaron sus mensajes populistas en Twitter[2].

El Brexit y Trump se convirtieron en fenómenos mediáticos mundiales, suscitando un debate sin precedentes sobre

---

1. Literalmente, 'trabajadores de cuello azul'. Con esta expresión se denomina en los países angloparlantes a los trabajadores menos cualificados en las empresas. *[N. del E.]*
2. Actualmente ha cambiado su nombre por X. *[N. del E.]*

el populismo. Sin embargo, el populismo ha sido objeto de debate en Europa a lo largo de todo el siglo XXI. En muchos países de Europa occidental eran recientes las victorias en las urnas de los partidos políticos de derecha radical que se oponían rotundamente a la inmigración y a la penetración de la cultura islámica en las tradiciones nacionales europeas. Quizá sorprenda que estos partidos hayan encontrado apoyos especialmente en democracias liberales como los Países Bajos, Bélgica, Austria, Suiza y los países nórdicos, donde, por tradición, las cuestiones se deciden con un amplio consenso, y donde posiblemente se ha llegado más lejos en temas de igualdad, derechos de las minorías y la idea del estado de bienestar. Pim Fortuyn, asesinado en los Países Bajos en 2002, formó su propio partido antiislámico (Lista Pim Fortuyn) ya en los años 1990, al que sucedió el Partido por la Libertad (Partij voor de Vrijheid, PVV), liderado por Geert Wilders. En Bélgica, el Partido Flamenco (Vlaams Belang, antes Vlaams Blok), el Partido de la Libertad de Austria (Freiheitliche Partei Österreichs, FPÖ) y el Partido Popular Suizo (Schweizerische Volkspartei, SVP) se han perfilado como movimientos nacionalistas y antiislámicos. A pesar de las diferencias entre países, el Partido Popular Danés (Dansk Folkeparti, DF), los Demócratas de Suecia (Sverigedemokraterna, SD), el Partido del Progreso noruego (Fremskrittpartiet, FrP) y el Partido de los Finlandeses (Perussuomalaiset, PS) comparten valores y visiones similares, hasta el extremo de que se sitúan dentro de un amplio grupo de partidos populistas europeos de derecha radical (Jungar y Jupskas, 2014).

En Europa, la Agrupación Nacional (Rassemblement National; hasta 2018, Front National, FN) en Francia y la Lega (Liga; antes Lega Nord) en Italia llevan tiempo al frente del populismo nacionalista de derechas. La Agrupación Nacional se fundó a principios de los años 1970 con Jean-Marie Le Pen a la cabeza hasta 2011. Desde el principio, el partido ha puesto el acento en el interés nacional y en la soberanía de Francia, frente a confederaciones como la Unión Europea. Desde que la hija de Jean-Marie, Marine Le Pen, asumió el liderazgo, el nacionalismo y las ideas antiislámicas son cada vez más importantes en la política del partido. Por el contrario, en Italia, el estímulo de la Lega han sido los llamamientos a la independencia de la región de Padania, en la misma línea del movimiento independentista catalán en España y el flamenco en Bélgica. No obstante, las visiones conservadoras sobre los roles de género, la religión, la antiinmigración y las críticas a la Unión Europea han desempeñado un papel destacado en las políticas de la Lega y las conectan con el populismo de derechas europeo. En particular, desde que Matteo Salvini asumió el liderazgo del partido en 2013, la Lega ha pasado de ser un movimiento independentista del norte a convertirse en un partido populista nacionalista de derechas.

Los movimientos populistas de derecha han alcanzado posiciones de poder predominantes en el este de Europa, especialmente en Hungría y Polonia. En Hungría predomina el Fidesz –la Unión Cívica Húngara–, con el primer ministro Viktor Orbán, cuyo liderazgo llevó al país al autoritarismo durante la década de 2010. En las elecciones de 2010, el partido obtuvo una victoria aplastante y una mayoría abrumadora en el Parlamento, lo que permitió a Fidesz modificar la Constitución y las leyes sobre los medios de comunicación. Fidesz mantuvo su mayoría en las elecciones de 2018 y siguió concentrando poder durante la pandemia de la

COVID-19 en 2020. Los cambios permitieron al partido hacerse con el control del poder judicial en el país y restringir las actividades de los medios de comunicación, que los gobernantes han atado en corto desde entonces. En Polonia, el partido conservador nacionalista Ley y Justicia (Prawo i Sprawiedliwosc, PiS) obtuvo la mayoría en las elecciones parlamentarias de 2015 y ha seguido la línea de Fidesz, limitando las actividades del poder judicial y de los medios de comunicación; sin embargo, la posición del partido no se ha escrito en piedra como Fidesz en Hungría. En Polonia, la oposición ha sido más fuerte, y Ley y Justicia no ha podido desoír las protestas de la ciudadanía contra la tendencia autoritaria del partido. No obstante, la oposición liberal polaca está tan preocupada como sus homólogos húngaros[3].

El fuerte auge de los movimientos políticos nacionalistas en Europa y Estados Unidos ha vinculado el populismo con el nacionalismo y la xenofobia hasta tal grado que, en muchos lugares, el término «populismo» es ya sinónimo de nacionalismo extremista y racismo (Brown y Mondon, 2020). El temor al fortalecimiento de los regímenes autoritarios también ha vinculado orgánicamente el populismo con el fascismo y el neonazismo o, en otras palabras, con la extrema derecha (por ejemplo, Müller, 2016; Mudde, 2019). Se trata de algo comprensible por razones históricas, pero resulta discutible, pues también hablamos de populismo al referirnos a numerosos movimientos políticos no extremistas y xenó-

3. En las elecciones parlamentarias de 2023, la coalición Plataforma Cívica –que englobaba a los partidos de la oposición– derrotó al partido ultraconservador Ley y Justicia. El líder de esa coalición, Donald Tusk, fue nombrado primer ministro. [N. del E.]

fobos; por ejemplo, Podemos en España y Syriza (La Coalición de la Izquierda Radical) en Grecia, ambos de izquierdas, son partidos políticos europeos de este milenio fuertemente asociados con el populismo, pero en ningún caso deben equipararse con los partidos nacionalistas populistas de derechas.

Podemos y Syriza representan el populismo de izquierdas, cuyos principales objetivos son la defensa de los intereses económicos de la nación frente a las corporaciones empresariales supranacionales y los *lobbies* económicos. Además, el kirchnerismo de Argentina o el populismo de Hugo Chávez en Venezuela han sido una parte integral de la historia política y de la política de izquierdas en Sudamérica. En estos contextos, la cuestión de la etnicidad apenas ha sido relevante. Una posibilidad que conviene considerar cuando se analizan las múltiples expresiones del populismo es precisamente el hecho de que investigadores y periodistas diferencian entre varios tipos de populismo, asociando una variedad de prefijos y adjetivos a la forma de populismo analizada. Por ejemplo, la investigación utiliza el término «populismo de derecha radical» para aludir a movimientos populistas extremistas nacionales y xenófobos (por ejemplo, Mudde, 2007), mientras que en el contexto de Podemos y Syriza, hablamos de «populismo de izquierda».

Estas modificaciones del término esclarecen la forma de populismo que está siendo analizada y, según el contexto, resultan muy útiles, pero no eliminan su ambigüedad. Por eso, hay gran variedad de populismos de derechas y de izquierdas. Por ejemplo, el Movimiento 5 Estrellas (Movimento 5 Stelle) del cómico italiano Giuseppe Piero «Beppe» Grillo fue difícil de clasificar al principio como populismo de izquierda o de derecha, aunque era innegablemente populista. Del mismo modo, los movimientos populistas que han surgido en distintos países de Asia tampoco pueden clasificarse claramente como de derecha o de izquierda de acuerdo con un modelo europeo. La razón es que los sistemas políticos y las culturas asiáticas difieren tanto que el populismo tiene sus propias formas en este continente. También en los casos de Asia oriental y Oriente Medio se ha hablado de un «nuevo populismo islámico», que es diferente del fundamentalismo islámico y que atrae principalmente a la decepcionada clase media urbana y al proletariado de los países de mayoría musulmana (Hadiz, 2016). En Sudáfrica, por otra parte, el populismo se ha vinculado a los problemas aparejados al crecimiento de la joven democracia liberal (Vincent, 2011). En general, el estilo político populista no está sujeto a una división entre izquierda y derecha.

En numerosas culturas políticas, el populismo significa simplemente un estilo político que seduce a los votantes con promesas vacuas y un lenguaje provocador. En este aspecto, el populismo es un término negativo empleado de manera peyorativa (Canovan, 2005; Bale *et al.*, 2011), y así, cuando en una democracia pluripartidista, un político desea criticar la incapacidad de un rival, lo llama «populista». En su sentido más amplio, el populismo puede vincularse a cualquier ámbito de la vida ajeno a la política, y encontramos acusaciones de populismo en el mundo de la cultura, la economía o el deporte (véase McGuigan, 1992). En la misma línea, los medios de comunicación pueden utilizar los términos «populismo» o «populista» sin excesiva rigurosidad cuando quieren referirse a un lenguaje político nacionalista demagógico para el que, en realidad, no existe un término apropiado.

Emplear «populismo» como un término peyorativo o un concepto paraguas que funciona de apoyo para abordar un fenómeno político puede ser apropiado a veces. No obstante, por regla general, refleja un pensamiento poco riguroso y un uso del lenguaje que tiene más posibilidades de confundir que de facilitar nuestra comprensión política (Dean y Maiguashca, 2020). Hablar de populismo en lugar de racismo, fascismo, xenofobia, conservadurismo, nacionalismo, nativismo, socialismo o cualquier otro término más específico, oscurece el asunto en cuestión y entorpece cualquier crítica que pueda ser potencialmente incisiva. Llamar populista a un movimiento o acusar a un político de populista puede servir de consigna en lo que concierne a la retórica política, pero no revela qué hace que el discurso sea populista. En vez de emplear el término «populismo» de forma vaga, es aconsejable usar expresiones precisas cuando las haya. Populismo no es lo mismo que racismo o nacionalismo, aunque se asocien con frecuencia.

La investigación política empezó a considerar el populismo en los años 1950 y 1960, y los primeros libros académicos sobre el tema son de esa época (por ejemplo, Shils, 1956; Ionescu y Gellner, 1969). Los libros académicos o las monografías sobre el populismo empezaron a aparecer en la década de 1980 en inglés y español porque el populismo se asociaba específicamente con la cultura política norteamericana y latinoamericana (por ejemplo, Canovan, 1981; De Ipola, 1983). En el contexto americano, el populismo se abordaba en gran medida como un fenómeno de la sociedad agraria. Hacia finales del siglo XX, se empezó a hablar de un nuevo populismo o neopopulismo, especialmente en muchas democracias europeas, cuando surgieron movimientos populares de derechas nacionalistas. La «nueva ola» del populismo occidental engendró investigaciones y también libros académicos en el cambio de milenio (por ejemplo, Taggart, 2000). En el siglo XXI proliferó la investigación europea sobre el populismo con la publicación de libros de investigación fundamentales sobre cuestiones como el populismo y los medios de comunicación (Mazzoleni *et al.*, 2003), el populismo y la democracia (Mény y Surel, 2002; Panizza, 2005; Albertazzi y McDonnell, 2008) y la relación entre el populismo y el radicalismo de derechas (Mudde, 2007). En 2005, Ernesto Laclau (1935-2014), filósofo político de origen argentino, publicó *La razón populista*, donde cristalizaron las ideas que había desarrollado previamente junto a su colega Chantal Mouffe, con nuevas conclusiones al respecto. Las reflexiones de Laclau han suscitado desde entonces un feroz debate y han dividido fuertemente el campo de la investigación sobre el populismo.

Más recientemente, el estudio del populismo se ha disparado en el mundo anglosajón, sobre todo en la década de 2010, lo que se refleja en un importante aumento de las investigaciones publicadas al respecto (Brown y Mondon, 2020). Esto se explica en parte por el éxito de Trump y el voto a favor del Brexit, pero también por la continua popularidad de los movimientos populistas antes mencionados en todo el mundo y por la estabilización del populismo como tema de investigación en las universidades europeas y americanas. Así, los datos de investigación sobre el populismo se acumulan constantemente. La creciente permanencia de los partidos populistas en numerosas democracias occidentales ha propiciado la producción de literatura de investigación al respecto (por ejemplo, Albertazzi y McDonnell, 2015; Akker-

man *et al.,* 2016; Eatwell y Goodwin, 2018; Norris e Inglehart, 2019; Pappas, 2019), lo mismo que la relación del populismo con la comunicación política (por ejemplo, Aalberg *et
al.,* 2017; Lochocki, 2017; Reinemann *et al.,* 2019) o incluso
la relación entre la recesión económica y el populismo (Kriesi y Pappas, 2015). Se han escrito nuevos libros académicos
sobre el tema que se aproximan al populismo como un estilo político (Moffitt, 2016) o como una ideología «débil»,
basada en el antagonismo entre el pueblo y la élite (Mudde
y Kaltwasser, 2017). La finalidad de estos enfoques ha sido
superar el reto de las múltiples caras del populismo y encontrar una perspectiva que, como Laclau, pueda diseccio-
nar una variedad de formas de populismo. Algunos libros
de texto han desviado su interés del populismo a los funda-
mentos más ideológicos de la derecha radical y otros actores políticos contemporáneos que desafían las instituciones
democráticas (Mudde; 2019; Moffitt; 2020). Además de lo
anterior, se han publicado numerosos libros académicos que
vinculan más estrechamente el populismo con la extrema
derecha nacionalista y xenófoba, lo que se contempla como
una senda aterradora hacia el fascismo o el nazismo (por ejemplo, Wodak, 2015; Müller, 2016). También se han publicado lecturas académicas sobre el tema (por ejemplo, Kaltwasser *et al.,* 2017; De la Torre, 2019).

En la actualidad, el populismo se estudia o se menciona
en muchos campos de investigación diferentes. Sin embargo, a grandes rasgos, la investigación sobre el populismo político puede dividirse en dos líneas principales; una se sitúa
en la politología, y la otra, en la tradición de los estudios culturales. La línea de la politología ha sido más popular, pero
la orientación cultural también cuenta con sus seguidores

en el mundo académico. Por supuesto, la división no es uni-dimensional y muchos estudios combinan características de ambas tradiciones, pero es posible trazar al menos una tenue línea entre ellas. La diferencia esencial de estos paradigmas guarda relación con cómo es entendido el populismo en tanto tema de investigación y con cómo es abordado metodológicamente.

De forma simplista, en la tradición politológica el populismo se entiende como un fenómeno que puede definirse como un objeto de investigación empírica distinto y diferenciado del entorno político. Hallamos cierta forma de corriente positivista presente en el enfoque politológico, cuyo objetivo principal es definir el populismo, y al que se vinculan la elaboración y la comprobación empírica de hipótesis. Por ejemplo, algunos movimientos políticos son definidos como populistas, y sus actividades ideológicas y electorales se analizan con ayuda de datos empíricos. Esto explica que a este enfoque del populismo se lo denomine hoy en día «enfoque ideacional» (Mudde, 2017). En politología, los métodos de investigación son las herramientas que hacen más comprensible el material. Así, los métodos cuantitativos, como las encuestas, las especificaciones de contenido y los análisis de varianza y regresión, son muy empleados en el enfoque politológico del populismo.

El enfoque cultural aborda el populismo desde una perspectiva constructivista, cuyo objeto de investigación es la propia construcción del populismo. La teórica cultural e investigadora de arte Mieke Bal (2002, 4-5, 9) insiste en el hecho de que, en el análisis cultural, los conceptos son más importantes que los métodos. Según Bal (2002, 44), los sujetos de análisis son los procesos culturales, y dicho análisis hace hincapié en los conceptos y las relaciones intersubjetivas, mientras que el empirismo político puede fijarse en sujetos (objetos) de investigación claramente definidos, su medición objetiva con cierto método y la evaluación de los resultados de la investigación mediante una teoría predeterminada. Así, la perspectiva cultural se centra en un enfoque cualitativo del populismo, al que considera una construcción cultural, y de acuerdo con el enfoque, es este mismo proceso de construcción el que debe ser sujeto de la investigación y no un populismo predefinido y medible empíricamente. Como en este enfoque no se puede identificar ningún sujeto populista predefinido, sino que el populismo se ve construido en la actividad política contingente, el enfoque también se denomina «posfundacionalismo» (Marchart, 2007).

Este libro sigue el enfoque cultural para definir el populismo porque creo que capta esencialmente las experiencias emocionales y las líneas de actuación tomadas en relación con la emergencia y la construcción del populismo. Sin embargo, el libro no comulga plenamente con el constructivismo o con la idea «posfundacionalista» de que los cambios en el entorno político impiden la restauración de los principios básicos, como las ideologías y los partidos, en política. En mi opinión, la política de partidos y el sistema político ocupan una posición fuerte en las democracias y en la vida de las personas; por lo tanto, no hay razón para abandonar el debate sobre el populismo, puesto que se relaciona tanto con la democracia como con la política de partidos como fenómenos empíricos influyentes. La investigación politológica ha producido abundantes estudios empíricos sobre temas identificados como pertenecientes al populismo y ha desarrollado un elevado volumen de conocimiento acumulado sobre el fenómeno, que en este libro puede verse, por ejemplo, en los capítulos sobre la relación entre el populismo y la democracia, y el populismo y los medios de comunicación.

Así pues, este libro se diferencia de otros estudios sobre el populismo en que procura tender un puente entre la investigación sobre el populismo politológico o ideacional y el enfoque cultural, que con frecuencia se entienden como contradictorios. En este contexto, el populismo no se limita al examen de los movimientos políticos individuales y de las figuras políticas. Por el contrario, aborda el populismo como un fenómeno político general amparándose en perspectivas tanto teóricas como históricas. La investigación empírica relativa a los movimientos populistas sirve, evidentemente, como fuente de material para el libro, y yo mismo he estudiado a fondo la relación entre los partidos populistas y los medios de comunicación en el contexto del norte de Europa.

No obstante, el objetivo principal del libro es abordar el populismo como fenómeno político general y local desde diversas perspectivas. En este sentido, el enfoque cultural constituye un punto de partida interesante, puesto que pone de relieve la importancia de los contextos en las constelaciones populistas. Así, este libro sigue el enfoque cultural, especialmente para comprender y definir qué está en juego en el populismo, pero recurre a la investigación politológica para analizar las consecuencias del populismo en la vida política, la política de partidos y las democracias en un nivel más concreto. Con «enfoque cultural del populismo» me refiero a que el populismo se entiende como *un proceso de identificación y significación afectiva en el que una identidad po-*

lítica se construye mediante el uso de diversos marcadores y símbolos culturales con una carga ideológica o moral y de sus supuestos enemigos. Así, las estructuras de los partidos políticos o los electorados se consideran consecuencias del populismo, el cual culturalmente se entiende como un proceso de creación de significados de las identidades políticas.

El populismo como término y fenómeno despierta emociones. Además, la investigación sobre este tema estimula las mentes porque suele adoptar una postura sobre si un fenómeno político es bueno o malo. Especialmente, numerosos estudios politológicos sobre el populismo tienen una corriente normativa que lo critica, lo cual es comprensible cuando la forma de populismo se basa en la exclusión de algunos grupos sociales y con frecuencia hace hincapié en la hostilidad hacia ellos –porque los definen como diferentes del «pueblo», en lo relativo a su etnicidad, por ejemplo–. El populismo está conectado, y con razón, con las tendencias políticas autoritarias, como se ha demostrado recientemente en los disturbios desatados tras la derrota de Donald Trump en las elecciones presidenciales de Estados Unidos de 2020. El término «populismo» carga con connotaciones negativas, y esa negatividad se refleja también en el lenguaje académico (Bale *et al.,* 2011). Según esta formulación, los populistas son el mal, y el populismo se ve como una amenaza que debe superarse. Yo también tengo una actitud negativa hacia el populismo como fuerza y método que condena vilmente al ostracismo a un sector de la sociedad a expensas de otro, pero en este libro el populismo no se aborda de manera ortodoxa. El populismo puede asociarse con un amplio elenco de fenómenos políticos y, desde una perspectiva analítica, a veces también es posible verle el lado positivo. Este libro arrojará luz sobre estos distintos aspectos.

En esta obra, el populismo se aborda específicamente en términos políticos, y si bien se sigue un enfoque cultural, el llamado «populismo cultural» solo se plantea cuando guarda relación con la política (cf. McGuigan, 1992). El objetivo es esclarecer el debate y la discusión sobre el populismo y el uso del término en diferentes contextos. Esta obra se basa en investigaciones del autor y en las de otros.

El primer capítulo abre específicamente el debate teórico sobre el populismo y explica cómo ha sido definido el fenómeno en la investigación académica. Al final del capítulo, presento mi propia definición de populismo basada en una síntesis que es independiente de las definiciones previas.

El segundo capítulo presenta sucintamente una visión general de las diversas formas históricas del populismo, tal y como se han estructurado en la investigación. La revisión histórica es importante porque ayuda a situar las corrientes populistas modernas en la continuidad de la política y, de forma simultánea, a contextualizar nuestra percepción de qué está ocurriendo en la política actual.

Aunque el populismo también se asocia con regímenes autoritarios, en este trabajo el interés se centra principalmente en él como parte de los sistemas democráticos. Por esta razón, el tercer capítulo desbroza la singular relación entre el populismo y la democracia. La buena acogida del populismo en Estados Unidos, Europa occidental y los países nórdicos hace que el examen de la cuestión sea de especial actualidad; a fin de cuentas, estas regiones se cuentan entre los bastiones más sólidos de la democracia liberal.

El cuarto capítulo profundiza en la relación entre el populismo y los medios de comunicación. De acuerdo con un buen número de investigadores, los medios de comunicación desempeñan un papel decisivo en el fortalecimiento y la difusión del espíritu populista, aunque los medios de comunicación liberales acogen con perplejidad las provocaciones populistas. El creciente papel de las redes sociales en la comunicación política hace que la situación actual sea especialmente interesante.

El capítulo cinco analiza el populismo en relación con tres marcos o conceptos que utilizo para ampliar el contexto en el que el populismo moderno ha ganado popularidad. Estos conceptos son el estado de bienestar, la globalización y el posmodernismo. De los tres, el posmodernismo es el más controvertido y quizás difuso en la literatura de las ciencias sociales. Sin embargo, en mi opinión, el debate posmoderno se ajusta como un guante al populismo y describe con acierto algunos de sus rasgos esenciales, como la importancia de las políticas de la identidad, el emocionalismo y la centralidad de la nostalgia en el populismo; por lo tanto, vincula intrínsecamente el populismo al enfoque cultural. No es casual que las teorías posmodernas florecieran al mismo tiempo que la nueva ola de populismo europeo empezaba a ganar popularidad en los años 1980 y 1990.

El libro concluye con algunas reflexiones sobre la importancia del populismo en la vida política en un futuro próximo, teniendo especialmente en cuenta la pandemia de la COVID-19 y la derrota de Donald Trump en 2020.

La investigación empírica sobre el populismo se ha centrado en gran medida en el populismo europeo, norteamericano y latinoamericano, aunque recientemente se han publicado varios estudios sobre el populismo asiático y africano que demuestran su ubicuidad (por ejemplo, Thompson, 2010; Vincent, 2011; Rodan, 2012; Hadiz y Robinson, 2017). Una característica general de la investigación sobre el populismo en estas regiones es que su ascenso se explica como una reacción a la importancia que la ideología neoliberal ha atribuido a la globalización, que ha producido importantes cambios estructurales en las economías nacionales y los mercados laborales (Hadiz y Chryssogelos, 2017). Además, los análisis demuestran que la escasa y breve historia de los sistemas democráticos en estos países conduce casi invariablemente al recurso al populismo para instaurar un poder autoritario. Por este motivo, si bien los intereses del autor se centran en investigar sus vertientes europea y americana, el populismo es abordado a un nivel tan general que, en muchos aspectos, las ideas expuestas en este libro son extrapolables a otros contextos.

El populismo ha existido desde que existe la política moderna y seguirá existiendo mientras la política sea la forma de organización de la vida social de las personas. Sin embargo, se podría objetar que, en la política del siglo XXI, estamos viviendo un tipo de populismo particular, porque los movimientos políticos –en gran parte del mundo (Hadiz y Chryssogelos, 2017)– siguen un nuevo tipo de lógica populista similar. Al hacer hincapié en la individualidad y las experiencias afectivas, la política y el entorno mediático híbrido han creado un marco propicio para que los populistas se identifiquen entre sí y formen agrupaciones políticas. Sin embargo, en 2020, la pandemia de la COVID-19 y la derrota de Donald Trump trajeron nuevas clases de desafío para el populismo que llevaba dos decenios triunfando. Por eso resulta muy oportuno ver qué tiene que decir la investigación académica sobre el populismo como un fenómeno político que es simultáneamente global y local.

1. ¿Qué es el populismo?

Varios investigadores se reunieron a mediados de la década de 1960 en la London School of Economics para debatir el problema del populismo (véase Ionescu y Gellner, 1969). Su objetivo era definir el populismo como fenómeno, pero el resultado fue algo confuso debido a los problemas de traducción y a toda una variedad de perspectivas fragmentadas sobre el populismo como ideología y movimiento. Entre los investigadores del siglo XXI ha pervivido la misma confusión, porque el populismo se asocia a muchos tipos de fenómenos y movimientos políticos muy diversos; por eso resulta difícil aventurar una definición que no sea ambigua. Los teóricos del populismo se han quejado reiteradamente de la dificultad de definirlo, y eso ha llevado a que lo califiquen de camaleónico (Taggart, 2000). También se lo ha considerado un concepto vago u oscuro, y en consecuencia, muchos investigadores políticos no han querido utilizar el término (véase Canovan, 1999). Algunos han llegado a creer que el populismo no es un concepto analítico y resulta inútil para la investigación, y otros han advertido, justificadamente, sobre un uso vago del término (Dean y Maiguashca, 2020; Goyvaerts y De Cleen, 2020).

No obstante, el estudio del populismo sigue expandiéndose. El fortalecimiento de los movimientos nacionalistas y antiinmigración en el siglo XXI provocó la avalancha del populismo de derechas, mientras que el Brexit y la elección de Trump como presidente de Estados Unidos en 2016 situaron el populismo como un tema de estudio con todas las de la ley en la comunidad de investigadores angloamericanos. Los métodos y los temas de investigación responden a los cambios en la sociedad, y actualmente hay un aumento y una necesidad de investigadores cualificados del populismo. Junto con el auge de la investigación, se ha producido un mayor entendimiento del populismo en el mundo académico y una gran abundancia de datos. Además, la necesidad de definirlo parece más apremiante hoy que a finales de la década de 1960, cuando se sentaron las bases modernas para el estudio académico del populismo político. En esos años todavía se experimentaban la industrialización y la urbanización intensas que se habían establecido al término de la Segunda Guerra Mundial, y que produjeron cambios estructurales que revolucionaron la vida política y propiciaron el estado de bienestar y el llamado «populismo agrario». Consecuentemente, el populismo se definió y se abordó como un fenómeno político que había sido fruto de la reacción ante la desintegración de las comunidades rurales y la creciente fragmentación de la vida en los entornos urbanos.

Quizás la definición de populismo político más utilizada hoy en día en la investigación sea la que se basa en los estudios de Cas Mudde. Según Mudde (2004, 543), «el populismo es una ideología que considera que la sociedad está separada finalmente en dos grupos homogéneos y antagónicos: "el pueblo puro" y "la élite corrupta", y sostiene que la política debe ser una expresión de la *volonté générale* del pueblo». Desde entonces, Mudde ha modificado ligeramente la definición complementando la descripción ideológica, y ahora habla de una «ideología débil», inspirándose en Michael Freeden (1996), pero, por lo demás, la definición apenas ha cambiado (Mudde, 2007, 23; Mudde y Kaltwasser, 2012a, 8). La modificación de la ideología débil fue fruto de un animado debate que criticó la definición del populismo como una ideología clara. Sin embargo, esta definición y el «enfoque ideacional» del populismo han sido acaso las orientaciones mejor recibidas en los estudios contemporáneos sobre el populismo.

La formulación de Mudde se considera una «definición minimalista del populismo», y por eso pone sobre la mesa la mayoría de sus temas recurrentes: el concepto de pueblo, la formación de un grupo, la confrontación y el antagonismo entre diferentes grupos, la ideología que subyace a esas confrontaciones y la perspectiva del papel del populismo en la política. A continuación, analizaré con más detalle las definiciones de populismo que han destacado ciertos aspectos de los temas individuales mencionados anteriormente como sus denominadores principales. El objetivo es abordar el trasfondo del debate teórico sobre el populismo. Al final del capítulo, presento una versión ligeramente modificada de una definición de populismo que, en particular, se hace eco del concepto cultural de populismo de Ernesto Laclau, además del enfoque muddeano.

El atractivo para el pueblo

En la lengua común, «populismo» con frecuencia significa seducir o agitar (demagogia) al pueblo, a menudo con métodos que se califican de palabrería barata u oportunistas (véase Taguieff, 2002). El concepto de «pueblo» está en el centro de la definición de populismo, puesto que este término viene del latín *populus,* que significa 'pueblo'. Ahora bien, la manera de entender la noción de pueblo varía de una persona a otra. Esto es así porque «el pueblo» es en sí mismo un concepto tan vago como el populismo (Canovan; 2005, 2). Desde el principio de los tiempos se ha actuado en nombre del pueblo y, dependiendo de la época y el contexto, se han promulgado políticas completamente distintas. En consecuencia, se ha aprovechado el concepto de «pueblo» como una herramienta para una enorme variedad de objetivos políticos (Koselleck, 1989).

Se puede afirmar categóricamente que no existe realmente en ninguna parte un grupo inequívoco que se le pueda llamar «pueblo». El pueblo siempre está formado por individuos, algunos de los cuales, según distintas definiciones, son «más pueblo» que otros. Por ejemplo, en la ciudad de Atenas, medio siglo antes de la Era Común, los hombres libres solo podían ser los ciudadanos de pleno derecho. Las mujeres, los niños, los esclavos y los metecos no pertenecían al pueblo; no eran ciudadanos. Benedict Anderson (1983), especialista en nacionalismo histórico, presentó la idea de que las naciones son comunidades imaginarias. Cuando las pequeñas comunidades se incorporaron a los Estados nacionales, fue necesario construir conscientemente las naciones; esa construcción de la nación requirió una lengua, relatos, comunicación de la información, literatura, cultura y símbolos comunes (Hobsbawm y Ranger, 1983). De esta forma, el pueblo puede considerarse una ficción que debe ser inventada específicamente (Morgan, 1988).

No obstante, la creencia en un pueblo unido como nación y pilar de la democracia es fuerte. Sin esa fe, las naciones no existirían; por lo tanto, la comunidad imaginada no es una mera ficción o un mito; tiene consecuencias concretas. En nombre de la comunalidad compartida, las naciones se organizan en sociedades; organizan la interacción y la vida humana. Sin la comunalidad imaginada, no habría países cooperando en la comunidad internacional con otros Estados. Las comunidades imaginadas y creadas también compiten entre sí en el ámbito deportivo y económicamente, incluso a veces entrando en guerra. El pueblo habrá sido imaginado, pero el concepto también se convierte en un actor –en nombre del pueblo y perjudicándolo (Canovan, 2005)–.

El concepto de «pueblo» se ha utilizado en numerosas luchas durante la historia política. El pueblo fue sin duda un concepto importante cuando se introdujo la idea de un Estado nacional unificado a principios del siglo XIX. El pueblo también fue un término fundamental cuando más tarde se estructuró la sociedad civil y sus divisiones internas en contextos europeos y americanos. El concepto de «pueblo» desempeña un papel central en la definición de una nación unificada y en las luchas relativas a sus estructuras internas (Koselleck, 1989). El uso del término «pueblo» basado en una singularidad étnica, lingüística y cultural es, pues, solo una forma de nacionalismo; por eso, devolver «el pueblo» a esta clase de nacionalismo excluyente no hace necesariamente justicia al concepto.

El nacionalismo y el patriotismo pueden entenderse, pues, como fenómenos positivos porque su ausencia significaría que no es posible construir los Estados nacionales, que han demostrado ser unidades de organización social y que han funcionado bien históricamente. En el mejor de los casos, el nacionalismo actúa específicamente como una idea que une a diferentes grupos de personas y crea oportunidades para organizar la coexistencia a pesar de las diferencias. Sin embargo, la otra cara del nacionalismo es el nacionalismo excluyente, que solo acepta a ciertos grupos de personas como «el pueblo» y trata a los demás como enemigos. A esto lo denominamos «nativismo», y es la ideología que considera como fuente de la nación a «los ciudadanos nativos» de un país, mientras que ve como una amenaza a las personas que representan lenguas y culturas de otros lugares (Mudde, 2007, 19). Esta forma de nacionalismo extremista también puede asociarse a los movimientos populistas; por ello, en este libro suelo referirme al nacionalismo excluyente cuando empleo el término «nacionalismo» en el contexto de los partidos políticos populistas de derechas.

En las democracias, la idea de la soberanía del pueblo ha sido fundamental. Es lo que distingue a la democracia de otras formas de gobierno más centralizadas en las que las personas no son ciudadanas sino súbditas. La palabra «democracia» *(demos-kratos)* significa, en definitiva, que la gente decide. En la vida real esto no es cierto, claro. Hay tantos tipos diferentes de personas viviendo en los Estados nacionales que las cuestiones que afronta una nación nunca pueden decidirse por unanimidad. En las democracias representativas, esta cuestión se ha resuelto gracias al voto periódico de la ciudadanía en las elecciones para elegir a los responsables políticos que representan los intereses de la gente.

«El pueblo» ha tenido un significado especial en el populismo porque la idea de la gente común y la expresión de su voluntad son su punto de partida; en consecuencia, recurrir al término «el pueblo» es la justificación última (Canovan, 2005, 80). De hecho, el populismo surge generalmente de la decepción con la democracia representativa o con su funcionamiento. Cada vez que aparece el populismo es porque los políticos han olvidado al ciudadano de a pie; lo que llamamos «la gente corriente» ha dejado de tener voz en la política. Peter Wiles (1969, 166) resumió este concepto en su primera contribución en el campo del populismo afirmando que «la virtud reside en la gente sencilla, que es la inmensa mayoría, y en sus tradiciones colectivas».

Por esta razón, el populismo suele justificarse porque concierne a una parte de la nación que ha sido olvidada y, según dicen, representa a la mayoría. En otras palabras, de acuerdo con los populistas, la democracia representativa no funciona porque una minoría toma decisiones sin escuchar a la mayoría. Esta afirmación contiene semillas de verdad puesto que, en muchas democracias representativas, el poder de voto se ha reducido al mismo tiempo que la participación en la política de los partidos interesa a menos personas (Manin, 1997). Al margen de los ciudadanos que son activos políticamente, hay personas para las que la política no tiene ningún interés porque sienten que no pueden influir en ella o se ven excluidos de la vida política. En este grupo, hay quien se aferra con entusiasmo a la promesa populista de que la democracia volverá a sus manos.

No obstante, una idea esencial del populismo es que no todos los ciudadanos de una nación representan al pueblo. Incluso es posible que lo que los populistas llaman «el pueblo» sea una parte muy pequeña de la nación, incluso una minoría. Por ejemplo, en las democracias multipartidistas occidentales, los partidos populistas han recibido, en el mejor de los casos, aproximadamente el 20 % de los votos emitidos en las elecciones parlamentarias, mientras que el apoyo a sus movimientos no es mayor de lo que muestran las encuestas de opinión. Es cierto que, en algunas cuestiones individuales, los movimientos populistas pueden incluso representar la opinión de la mayoría del pueblo, pero en gran parte de los casos no es así, y muy a menudo la mayoría de los ciudadanos no quiere conceder un mandato a los populistas para que apliquen sus políticas utilizando el poder de la mayoría. Durante este milenio en Europa, Hungría es el país que más se acerca a una excepción en este sentido, lo que ha provocado una deriva hacia un uso autoritario del poder. En Turquía y Rusia, los poderes presidenciales también han alcanzado una posición en la década de 2010 que les permite apoyarse en una mayoría simple sin necesidad de consultar a la minoría para obtener su consentimiento, pero otra cuestión es hasta qué punto esto es verdadero populismo.

Además, cabe preguntarse si se puede confiar en la voluntad del pueblo o si se puede medir de alguna forma fiable. Aunque el voto mayoritario es una medida necesaria en las democracias representativas, todos los métodos de votación son problemáticos en lo que atañe a la expresión de la voluntad de la mayoría: el método de votación produce un resultado electoral, pero no ofrece ninguna garantía de la funcionalidad de las decisiones tomadas para la mayoría (Gaertner, 2006; Hindmoor, 2006). Por esta razón, los sondeos de opinión y los referendos no reflejan la voluntad del pueblo. Son recordatorios necesarios de las limitaciones del concepto de «pueblo» y de la voluntad de la mayoría como una justificación para la política.

Apelar al pueblo es un punto de partida comprensible para los populistas porque el concepto de «pueblo» es central para el populismo: buscan el poder del pueblo, y un grupo reclamará el derecho a definir al pueblo desde su propia esencia. Sin embargo, se puede aducir que, en general, la política es una provocación pública y que todos los políticos apelan al pueblo (al menos durante las campañas electorales, cuando intentan atraer al mayor número posible de votantes). No hay política sin apelación al pueblo, y por eso se ha buscado un enfoque más específico del problema del populismo, por ejemplo, a través del concepto de ideología.

La ideología

El concepto de «ideología» no es menos ambiguo que el de «populismo» o «pueblo». En un sentido amplio, la ideología es el sistema de ideas y creencias que rigen el comportamiento humano. Por ejemplo, en la teoría marxista, significa la capacidad del sistema capitalista de producir estructuras, instituciones y prácticas sociales que permiten al capitalismo reproducirse y justificarse de una década a otra. Sin embargo, en el campo de los estudios culturales, la ideología suele identificarse con las creencias comunes, el llamado «sentido común», en virtud del cual la gente estructura el mundo de formas trilladas y reproducibles (por ejemplo, Hall, 1988). Esto también encaja bien en la cosmovisión populista, que se cree que es la visión intuitiva y experiencial del pueblo sobre el mundo del gasto. Según el filósofo marxista francés Louis Althusser (1918-1990), la ideología nos convoca como sujetos; en otras palabras, la cultura capitalista interpela nuestras identidades a través de la ideología (Althusser, 1971). En un sentido más amplio, la idea también explica por qué la razón cotidiana o el sentido común se ve como una forma natural de entender el mundo: nos ha impregnado hasta hacerse parte de nuestras identidades. La garra de la ideología se basa en el hecho de que se vuelve una parte natural e invisible del yo (Glynos y Howarth, 2007, 117).

Sin embargo, en ciencias políticas, la ideología se entiende generalmente como un sistema más restrictivo, que guía la acción de las personas (por ejemplo, Freeden, 1996; Moffitt, 2020). En política, se han separado las ideologías dominantes, como el socialismo de base marxista, la libertad individual y económica en la que hace hincapié el liberalismo y el conservadurismo, que realza los valores tradicionales.

El conservadurismo surgió a finales del siglo XVIII como reacción contraria a la difusión de los ideales de la Ilustración y la actividad revolucionaria para defender la continuidad y los sistemas de poder más antiguos; por lo tanto, puede considerarse una ideología reaccionaria. El liberalismo y el socialismo son, a su vez, ideologías reformistas o radicales que representan el poder del cambio. Hoy en día, el conservadurismo también se asocia a menudo con el nacionalismo, que puede considerarse una ideología igualmente. En la época de la construcción de los Estados nacionales, el nacionalismo era claramente una ideología radical que desafiaba el orden de las épocas anteriores (Anderson, 1983). Tradicionalmente, en la política moderna, el conservadurismo y el nacionalismo se vinculan a la derecha, y el liberalismo y el socialismo, a la izquierda. Por lo tanto, el liberalismo económico y el liberalismo de valores no van necesariamente de la mano, sobre todo en el mundo actual, en el que estas divisiones se confunden con frecuencia: la derecha económica puede representar valores liberales, por ejemplo, en lo que respecta a las minorías sexuales y los inmigrantes, mientras que en la izquierda se puede hacer hincapié en el interés económico nacional en nombre de la mayoría y a expensas de las minorías.

Donald MacRae (1969, 154) opinaba a finales de los años 1960 que el populismo debía ser tratado como una ideología, incluso si el concepto de ideología en el análisis sociológico y político era controvertido en aquella época. De las ideologías conocidas, el populismo se asocia especialmente con el conservadurismo y el nacionalismo, sobre todo en el caso del populismo de derechas, en el que el nacionalismo y la defensa de los valores tradicionales –hogar, religión, patriotismo– han desempeñado un papel esencial. Por otra parte, los movimientos políticos catalogados como populistas e identificados al principio de este libro muestran que el populismo se ha asociado con tantas ideologías diferentes que resulta muy difícil encontrar un trasfondo ideológico sólido donde podamos situar a todos los populistas del mundo. A diferencia de la izquierda o la derecha política en todo el mundo, por poner un ejemplo, el populismo no tiene un sistema común de doctrina, catecismo o referencia sobre el que se pueda construir la acción política. Además, los personajes populistas significativos también suelen ser nacionales y no internacionales (Stanley, 2008; Aslanidis, 2016).

Está claro que el populismo no es una ideología en el mismo sentido en que lo son el capitalismo, el socialismo, el liberalismo, el conservadurismo o el nacionalismo, pero eso no significa que el populismo no tenga nada que ver con la ideología. Por ejemplo, para MacRae (1969) el populismo era una ideología central del primitivismo, donde estaba presente un no intelectualismo en forma de búsqueda de alguna clase de naturalismo, así como un utopismo romántico y conservador; la añoranza de una época y un modo de vida anteriores. La visión que MacRae tiene de la ideología del populismo proviene de la época del populismo agrario, que fue una reacción a la fuerte industrialización y al vaciamiento de las comunidades rurales, cuando la población se desplazó a las ciudades. Sin embargo, esta perspectiva también se asocia con el populismo actual, que con frecuencia acaricia la idea de una época dorada genuina del pasado, cuando la nación era una y vivía feliz –cuando la voluntad del pueblo se cumplía–. Para Paul Taggart (2000), por ejemplo, la añoranza de este *heartland* es una idea fundamental del populismo.

El populismo actual suele caracterizarse por una fuerte nostalgia del pasado. Como tal, el populismo contemporáneo puede considerarse un típico fenómeno posmoderno (Jameson, 1991). Aunque los propios populistas suelen apoyarse en los valores tradicionales y la estabilidad, toda su existencia niega la producción posmoderna de incertidumbre en la vida humana. Mientras que la era moderna ha aportado orden y certidumbre a la vida de las personas, el posmodernismo ha puesto en tela de juicio las formas establecidas de la familia, el empleo y las ocupaciones, la vida laboral, las nacionalidades y los Estados nacionales en el siglo XXI con tanta fuerza que provoca ansiedad e incertidumbre ante el futuro. La añoranza del pasado es una droga para combatir la incertidumbre. El populismo es, en este sentido, una reacción contraria a la ideología posmoderna, como bien puede verse en su política cultural, que favorece la época nacionalista y romántica a costa del pluralismo posmoderno contemporáneo.

Sin embargo, en los diferentes populismos que existen, la nostalgia del pasado varía. La nostalgia se asocia con mayor frecuencia al populismo de derechas, en el que el nacionalismo desempeña un papel importante. En cambio, la nostalgia de una utopía o del primitivismo conservador tiene una importancia mucho menor para el populismo de izquierdas. De hecho, en el populismo de Beppe Grillo o de otros defensores similares de la democracia directa, esa añoranza nostálgica ni siquiera está presente.

Los investigadores han empezado a llamar ideología débil al populismo porque se asocia claramente a ideologías, pero no representa ningún sistema único de ideas ni una ideología completamente redonda (Moffitt, 2020). Ben Stanley (2008, 107), por ejemplo, considera que la debilidad ideológica del populismo es, sin embargo, su fortaleza: «En la práctica, es una ideología complementaria: no se solapa tanto como se difunde a través de ideologías completas». Esta cualidad camaleónica del populismo –la capacidad de utilizar diferentes ideologías según las exigencias de la situación– contribuye a entender su influencia y sus conexiones con movimientos y perspectivas políticas muy diferentes. Sin embargo, el hecho de que el populismo no sea una ideología completa o íntegra no lo convierte en apolítico o exento de ideologías.

En ciencias políticas, la definición más utilizada del populismo se basa en el enfoque ideacional y en la descripción que Mudde hace de él como «ideología débil» (Mudde, 2017, 27-30). El enfoque ideacional combina distintos estudios que ven el populismo como un «conjunto de ideas» que construyen un fuerte antagonismo entre el pueblo puro y bueno y una élite corrupta y malvada. De acuerdo con el enfoque ideacional, el populismo también se opone al pluralismo al hacer hincapié en la unidad de la mayoría. Los estudiosos incluidos en el enfoque ideacional también podrían haber llamado «discurso» o «estilo» al populismo, pero básicamente lo abordan de manera similar como un conjunto de ideas que construyen antagonismos en la vida política (Hawkins y Kaltwasser, 2017, 514-516). Sin embargo, el enfoque ideacional se ha centrado principalmente en los análisis empíricos, lo que, a mi juicio, no termina de esclarecer la relación entre populismo e ideología. Quizás la teoría cultural pueda aclararla mejor.

En los años 1970, Ernesto Laclau presentó la teoría de la articulación, que explicaba la multiplicidad de las formas ideológicas del populismo. Laclau (1977) fue crítico con la teoría marxista ortodoxa según la cual las estructuras de clase explican los orígenes y las diferencias entre los movimientos políticos. Laclau, que participó en movimientos de izquierdas de la época, descubrió que la representación política no se ajustaba a las estructuras de clase, sino que era más bien una cuestión de identidad e influencias culturales. En particular, aplicó el concepto de hegemonía desarrollado por el teórico marxista italiano Antonio Gramsci (1891-

1937), según el cual, el poder se mantiene en la sociedad gracias a la persuasión y la negociación constantes, y no mediante estructuras de clase inamovibles. La consecución del poder hegemónico requiere la aprobación de los ciudadanos reprimidos, cosa que solo puede lograrse invocando valores, morales e ideologías que sean comunes culturalmente (Gramsci, 2011 [1947]).

Según la teoría de la articulación, las clases sociales no se corresponden necesariamente con grupos reales de personas porque las clases se derivan en definitiva de las interpretaciones de las estructuras de clase, que también utilizan diferentes significados culturales que no guardan relación con las estructuras de clase. Esto explica que diferentes ideologías y significados culturales puedan articularse o conectarse a demanda para que el populismo del momento pueda responder a las necesidades políticas del grupo cuyo apoyo busca. Por ejemplo, en el populismo de derechas, el nacionalismo, la xenofobia y el conservadurismo tocarán una fibra sensible común entre las estructuras de clase. En una época en la que la globalización y el desarrollo tecnológico han producido grandes cambios estructurales en la industria y en la que la movilidad de las personas ha aumentado junto con la difusión de los valores liberales, esta articulación resulta comprensible. En el populismo, el concepto de un pueblo olvidado es de gran importancia, pero ese pueblo no se vincula a una única clase social (Laclau, 1977, 160-166). Los votantes de los movimientos populistas actuales representan a personas de diferentes contextos socioeconómicos. Por ejemplo, los partidos populistas de derecha occidentales sí que comparten ciertas características demográficas, como el predominio masculino, los perfiles profesionales y los individuos que temen la amenaza del desempleo, pero en el ámbito socioeconómico, sus votantes son con frecuencia asalariados medios y heterogéneos.

Según Laclau (1977, 167), el significado de la articulación cultural es que movimientos políticos muy distintos entre sí pueden utilizar los mismos símbolos con carga ideológica cuando apelan a sus seguidores. Los símbolos nacionales, como las banderas y los escudos, son ejemplos típicos de símbolos aprovechados por diversos actores políticos populistas, entre otros. En el plano internacional, un ejemplo aún más llamativo es el rostro del Che Guevara (1928-1967), revolucionario marxista de origen argentino, cuya imagen se ha difundido a través de camisetas y tazas de café y de las conexiones más extravagantes. Cuando el Che Guevara luchaba por una revolución comunista en Cuba, el Congo y Bolivia en los años 1950 y 1960, difícilmente podía prever la riqueza que los capitalistas amasarían explotando su imagen con la venta de productos, y cómo los distintos tipos de «jóvenes rebeldes» –roqueros, *nerds,* hípsters o emprendedores– combinarían su imagen con sus propios sueños. En estas articulaciones, Che Guevara significa rebelión general y prácticas revolucionarias con independencia de la ideología.

La teoría de la articulación también explica que el populismo sea una ideología débil y no fuerte, y que diferentes tipos de ideologías puedan unirse al azar en el populismo de maneras completamente inesperadas. Como nos recuerda el especialista cultural Stuart Hall (1932-2014), la mirada debe dirigirse al contexto si queremos entender la aparición de la articulación política. La ruptura de un bloque de poder hegemónico generalmente crea espacio para el populismo, que responde a las llamadas del pueblo en un vacío de poder. Según Hall (1988), esto propició el ascenso de Margaret Thatcher (1925-2013) en Gran Bretaña a finales de los años 1970, dado que el poder de la izquierda había perdido credibilidad. Lo mismo ha ocurrido en numerosas democracias liberales europeas de este milenio, donde los movimientos populistas de derechas han quebrantado el poder hegemónico de los movimientos socialdemócratas y han derrotado a la izquierda en las elecciones. Al mismo tiempo, los populistas de derecha también han logrado atraer a los votantes conservadores nacionales del centro derecha (Lochocki, 2017). Es posible que, desde fuera, el populismo se vea como un estilo político atractivo, pero si analizamos el entorno político de la época, es posible entender también el trasfondo ideológico que subyace a su aparición.

El estilo político

El interminable debate sobre si el populismo es o no una ideología ha llevado a algunos investigadores a reducirlo a un estilo político. En su opinión, el populismo no es otra cosa que la retórica o el estilo con el que se presentan las cuestiones. Esta perspectiva tiene sentido en la medida en que puede explicar fenómenos muy diferentes asociados con él. Si el populismo se entiende como un estilo puro, cualquier político puede ser populista si es necesario. La definición se apoya, en particular, en la cultura política angloamericana, donde la retórica y la capacidad de actuación han estado durante mucho tiempo en el centro de la comunicación política. La definición también explica la carga de significados negativos del populismo. Acusar a alguien de populista, basándose en su lenguaje y su cultura política, ha sido una forma típica de atacar o criticar a los rivales políticos en las democracias occidentales (Bale *et al.,* 2011).

La investigación sobre el uso del término «populismo» en los países occidentales ha revelado que su significado más común en el discurso político es el que se refiere a la retórica vacía, el cumplimiento de promesas incondicionales o el ataque y la crítica contra rivales políticos (Canovan, 2005; Bale *et al.,* 2011; Herkman, 2016). Algunos estudiosos de los medios y la comunicación también señalan que el estilo populista se utiliza de manera deliberada en política para llamar la atención. En efecto, los políticos populistas son deliberadamente provocadores al presentar puntos de vista que polarizan y generan confrontación, lo que les da publicidad en los medios y fuerza la creación de una agenda política deseada por ellos (Mazzoleni, 2008; Wodak, 2015; Moffitt, 2016). Los votantes de los populistas de derechas no temen la publicidad negativa de los medios porque coinciden en cuestiones y meten a los principales medios informativos en el mismo saco enemigo, acusándolos de ser parte de la élite liberal. Los populistas también suelen señalar que ellos abordan las cuestiones difíciles con el lenguaje de la gente corriente, al contrario que los dirigentes políticos, que se andan con rodeos y no dicen lo que piensan, empleando un lenguaje formal y un discurso de funcionario. Por lo tanto, un punto de partida positivo para el populismo es la importancia de hablar con un estilo que la gente corriente entienda.

Como el populismo no puede definirse como una ideología unificada de la misma manera que, pongamos, el socialismo o el liberalismo, algunos investigadores creen que no es necesario hablar de una ideología débil. Por ejemplo, Paris Aslanidis (2016) aparca la definición que Mudde hace del populismo y define su marco discursivo. Cuando creamos un marco discursivo, nuestro entendimiento del mundo es enmarcado, encerrado o investido de significado. Así, en referencia al populismo, es una forma de expresar y estructurar las cosas, como la construcción de un enfrentamiento entre el pueblo olvidado y una élite o los inmigrantes. Según Aslanidis, el populismo es discurso y no ideología.

Benjamin Moffitt (2016) entiende el populismo de forma algo similar, pero pone mayor énfasis en el concepto como estilo político o expresión mediática. La noción general es que la política en su conjunto ha empezado a destacar las habilidades expresivas, los hábitos visibles, la vida privada y las apariciones públicas por los requisitos publicitarios en los medios de comunicación (Manin, 1997; Stanyer, 2007). Esta presencia política de corte estadounidense también se ha extendido a Europa, y los medios de comunicación europeos se han acercado al modelo liberal norteamericano (Hallin y Mancini, 2004). Puede decirse que la política se ha mediatizado, en el sentido de que se cree que la influencia de todos los medios de comunicación es mayor que antes (por ejemplo, Esser y Stromback, 2014). Según algunos investigadores, vivimos en democracias de audiencia, donde los ciudadanos siguen principalmente las actuaciones políticas en los medios (Manin, 1997; Meyer, 2002). En este entorno, el estilo populista, que apela directamente al pueblo, es descarado, abrasivo y da la nota como un clavo que sobresale de una pared.

Existen diferentes definiciones del estilo populista como parte de la comunicación política; sin embargo, las características comunes suelen ser atraer al pueblo y rechazar a las élites y a los miembros de la sociedad que no son considerados parte del pueblo (Jagers y Walgrave, 2007; Reinemann *et al.*, 2017). El estilo puede utilizarse tanto en las presentaciones en los medios de comunicación como en las actualizaciones en las redes sociales y no está vinculado a ningún grupo o actor político en particular. Por lo tanto, si es necesario, todos los actores políticos pueden utilizar un estilo populista.

Lo que distingue con frecuencia el populismo del lenguaje oficial serio, aburrido y tecnocrático es el humor al que recurre. Muchos políticos populistas son conocidos por sus chascarrillos. Por ejemplo, el líder del partido UKIP, Nigel Farage, se hizo famoso por su humor abrasivo y sus insultos contra la Unión Europea, algunos de los cuales incluso le valieron una condena internacional, porque a menudo se cebaban con personas como Herman van Rompuy, que fue presidente del Consejo Europeo de 2009 a 2014. Por otra parte, los populistas suelen justificar sus insultos diciendo que eran «broma», pero los usan para afianzar las identificaciones de grupo (véase Billig, 2001). Expresar opiniones groseras también es moneda común en los círculos populistas. Sin embargo, de cara a la galería, estos movimientos se expresan con moderación, mientras que sus miembros más alejados del ojo público emplean un lenguaje grosero y vulgar.

Entender el populismo como un estilo político ayuda en la investigación empírica. Cuando el populismo se define solo por algunas características retóricas o por sus exposiciones políticas, también es fácil de cuantificar y analizar. Por ejemplo, Jan Jagers y Stefaan Walgrave (2007) estudiaron los discursos de los partidos a principios de la década de 2000 en Bélgica y definen el populismo como un estilo de comunicación política en el que distinguieron tres elementos: la referencia al pueblo, el antielitismo y la exclusión de quienes son vistos como diferentes. Al entender el populismo de esta manera, Jagers y Walgrave pudieron construir índices a partir de los tres elementos, que pudieron cuantificar, comparando en qué medida eran «populistas» los distintos partidos en sus comunicaciones. Los primeros puestos del índice de comportamiento populista fueron para el antielitismo y la exclusión de otros grupos, como los inmigrantes, de la definición de la nación.

Sin embargo, Jagers y Walgrave (2007, 336-337) descubrieron que reducir el populismo al mero estilo era inadecuado. En sus definiciones, el populismo iba acompañado de una fuerte confrontación entre el «pueblo puro» y las élites o los inmigrantes. Esta clase de confrontación siempre es ideológica. Como no todo estilo político vulgar o provocador es populista, entender el populismo como un estilo puramente político es problemático, al igual que lo es pensar que la idea de populismo consiste en seducir al pueblo. Para que el estilo político guarde relación con el populismo, es preciso que se dé una confrontación entre el pueblo y otros grupos. En consecuencia, el populismo como mero estilo político se convierte fácilmente en un enfoque superficial (Mazzoleni, 2014). El populismo también se asocia con mucha frecuencia a un movimiento político, como se ha comentado anteriormente, pero, por otra parte, es poco probable que surjan movimientos políticos sin ninguna clase de ideología o escala de valores sobre la que poder construirse (Minogue, 1969, 204). Los discursos –que son diferentes hábitos de lenguaje y sistemas establecidos– se vinculan orgánicamente con las estructuras y la realidad material de la sociedad. El lenguaje político siempre cobra significado en algún contexto.

Por ello es importante distinguir una línea clara entre «ideo-logía» e «ideológico», aludiendo este término al uso y la apli-cación de sistemas de pensamiento con distintos fines mo-rales. El populismo no es una ideología, pero es ideológico. Las declaraciones y los movimientos populistas se basan en fuertes argumentos morales, y esos argumentos se apoyan en diferentes ideologías según sea necesario. Por ejemplo, los movimientos populistas de derechas creen que la nación es lo más importante y que beneficiarla debe estar por en-cima de todo. El trasfondo de esto es la ideología naciona-lista de la importancia de la nación o la ideología nativista de los ciudadanos nativos amenazados por personas, lenguas y culturas de otros lugares (Mudde, 2007). El resultado es una política que endurece los controles fronterizos, la inmigra-ción y las aduanas, y reduce las prestaciones sociales para las minorías. Los movimientos de izquierda, sin embargo, consideran que las empresas y las corporaciones suprana-cionales amenazan la soberanía del pueblo. En el fondo de la ideología socialista, existe la creencia de que un Estado fuerte actúa como freno al mercado y las corporaciones em-presariales. El resultado es una política que intenta some-ter la economía al control político y rechaza cualquier inter-vención de fuera de la nación.

Esto es lo que explica precisamente que el enfoque idea-cional entienda el populismo como una perspectiva mani-quea del mundo político, que equipara el bien con «la vo-luntad del pueblo puro» y el mal con una élite conspiradora (Hawkins y Kaltwasser, 2017; Mudde, 2017). No obstante, como demuestran los estudios de Laclau, Aslanidis, Moffit y otros, la ideología, el estilo político y el movimiento siempre están estrechamente vinculados entre sí en el populismo político, y es muy difícil discernir cuál de ellos es su característica predominante. Esto también puede variar según el contexto y los actores populistas.

Los movimientos políticos

Como vemos, el populismo es una cuestión de antagonismo: el pueblo olvidado se enfrenta a otros grupos, como la élite o los inmigrantes. Normalmente, el populismo tiene un fuerte componente de protesta. Suele ser un no-movimiento o un antimovimiento que se opone a algo, y no tanto una propuesta de buscar alternativas nuevas. Los populistas suelen oponerse a todo tipo de élites (políticas, económicas, culturales), la inmigración, el multiculturalismo, la tolerancia, la burocracia, la tecnocracia, el gran capital, las grandes empresas o la Unión Europea. Según MacRae (1969, 56), debido a sus características de protesta, el populismo produce movimientos sociales y políticos de corta duración, en lugar de partidos duraderos y bien organizados (también Taggart, 2000, 99; Canovan, 2005, 89).

Estas conclusiones valen para algunos movimientos populistas, pero no para todos. Es cierto que un gran número de movimientos populistas se apoya en los antagonismos, que luego se aprovechan para producir emociones y atraerse simpatizantes. Sin embargo, esto no significa que no tengan su propia agenda. Además de resistir, los movimientos populistas también promueven invariablemente algunas cuestiones: la otra cara de mostrarse en contra de la inmigración es que favoreces a los ciudadanos nativos; oponerse a las corporaciones empresariales o a la Unión Europea lleva inevitablemente a desear un fuerte control nacional sobre la economía. A su vez, el rechazo a las élites sociales y a la corrupción se justifica por la necesidad de una democracia directa y el fortalecimiento de la sociedad civil. Por lo tanto, suele haber un fuerte sustento moral o ideológico detrás de la protesta de los movimientos populistas.

Los movimientos populistas van y vienen y, en comparación con los numerosos partidos políticos de izquierda, derecha y centro consolidados en las democracias de estilo occidental, estos han sido con frecuencia de corta duración. Muchos de los partidos populistas de derechas actuales se han fundado sobre los cimientos de partidos populistas desaparecidos. Por ejemplo, en 1995, el Partido Popular Danés surgió del apoyo que el Partido del Progreso (Fremskridstpartiet) había perdido, y ese mismo año el Partido de los Finlandeses nació de las ruinas del Partido Rural Finlandés (SMP). Lo común es que cuando un partido populista llega al poder, su apoyo empiece a menguar porque no puede cumplir sus promesas y sus votantes se desilusionan. Algunos investigadores han argumentado que el populismo está específicamente relacionado con movimientos de protesta actuales que no pueden mantener el apoyo durante demasiado tiempo porque carecen de una organización de partido estructurada y de una comunidad de apoyo consolidada (por ejemplo, Wiles, 1969, 168).

Sin embargo, algunos investigadores señalan que muchos de los partidos populistas europeos (de derechas) actuales son asombrosamente longevos y están bien establecidos (por ejemplo, Albertazzi y McDonnell, 2008; Zaslove, 2008). En Holanda, Bélgica, Austria, Suiza, Francia, Italia y los países nórdicos existen partidos políticos de derecha radical influyentes desde hace veinte o cuarenta años. Han logrado avances significativos durante las elecciones y llevan activos varias legislaturas, funcionando incluso dentro de los gobiernos. Muchos de estos partidos han construido conscientemente sus estructuras de partido y han reforzado su base de apoyo involucrando a gente en sus organizaciones. En algunos países europeos, como Hungría y Polonia, los partidos de la derecha radical han alcanzado cargos de poder en la sociedad.

Si bien los movimientos populistas pueden aparecer como movimientos de protesta o contramovimientos, el trasfondo de su éxito político siempre se basa en cuestiones políticas genuinas. En la mayoría de los casos, los movimientos populistas aparecen cuando se producen crisis sociales o cambios que marcan una época. Por ejemplo, el ascenso del partido nazi, que pasó de ser un movimiento de protesta marginal a convertirse en un partido político influyente en el ámbito nacional, se vio reforzado por la gran recesión económica que sufrió Alemania, para la cual ofreció parches temporales (Hobsbawm, 1994). Se considera que quien más se beneficia de los problemas económicos es la extrema derecha. Según algunos investigadores, la crisis financiera internacional, que empezó en 2008 y desembocó en una crisis económica general, sobre todo en la eurozona, incrementó el apoyo a los populistas de derecha en Europa (por ejemplo, Kriesi y Pappas, 2015). En general, no obstante, se cree que las crisis económicas son menos importantes para el populismo que algún otro tipo de crisis política. Por ejemplo, muchos de los partidos de la derecha radical en el centro y el norte de Europa se han hecho populares en el siglo XXI durante épocas económicas que pueden considerarse como mínimo estables (véase Panizza, 2005, 11-12).

Una crisis política implica que los partidos consolidados son incapaces de debatir eficazmente con sus ciudadanos o responder satisfactoriamente a sus problemas (Laclau, 2005). En el mundo occidental, a finales del siglo XX, hubo un largo período en el que el interés en la política, el compromiso con los partidos y el voto disminuyeron; un período en el que los partidos políticos se parecían ideológicamente, la política se hizo tecnocrática y la gente sintió que el sistema de partidos tradicional era incapaz de influir en su vida (Manin, 1997). Esto creó un espacio para los movimientos populistas que ofrecían soluciones simples y oportunidades rápidas de ejercer influencia. Los populistas son muy hábiles a la hora de generar una sensación de crisis y alimentar sus propias necesidades, insistiendo en el desmoronamiento del sistema político y prometiendo luego remediar la situación.

La ola de populismo que surgió a mediados del siglo XX se ha interpretado como una especie de continuación de los movimientos populistas agrarios de finales del siglo XIX. Según los teóricos del populismo, los movimientos agrarios fueron una reacción frente a la modernización y, en particular, a la industrialización asociada a ella (Stewart, 1969, 185-186). A finales de este siglo, se cree que el populismo de derechas es, en gran medida, una respuesta a los retos que la globalización plantea a los Estados nacionales (por ejemplo, Panizza, 2005). El auge del populismo asiático, como en Indonesia y Tailandia, también se ha vinculado a la globalización neoliberal de la economía, que ha modificado radicalmente los mercados laborales locales (por ejemplo, Hadiz y Chryssogelos, 2017).

La capacidad de controlar la adopción de decisiones políticas o la economía a nivel nacional se ha debilitado considerablemente con la globalización (Held y McGrew, 2002). La capacidad de maniobra de las multinacionales, las uniones y los bloques comerciales, como la Unión Europea, ha aumentado y el margen de actuación de los responsables nacionales se ha reducido. Los mercados globales han producido importantes cambios estructurales en las industrias y en la vida laboral, al tiempo que han intensificado la movilidad y las migraciones. Si sumamos a esto las crisis bélicas en África, Oriente Medio y el Cáucaso, que han provocado un éxodo masivo de refugiados hacia países más prósperos, no es de extrañar que los partidos populistas de derechas que apelan al nacionalismo hayan sido secundados en muchos países. Los movimientos populistas prosperan en la medida en que el entorno político les proporciona el terreno propicio para su éxito y otros partidos son incapaces de responder satisfactoriamente a las preocupaciones y demandas ciudadanas.

El populismo también puede asociarse a las primeras etapas de los partidos políticos. La historia temprana de la oposición de izquierdas y las luchas obreras o las protestas iniciales del movimiento verde eran pura retórica que despertaba emociones, grandes promesas y acciones radicales. El populismo es una parte integral de los primeros balbuceos de un movimiento político que intenta desafiar el *statu quo* de la hegemonía política (Laclau y Mouffe, 1985). Cuando un movimiento se asienta en un partido organizado, por lo general esto supone un paso hacia una cultura de acción más moderada y conciliadora. Además, el éxito de las elecciones parlamentarias normaliza al partido, que a partir de ese momento tiene que prestar atención a las actuaciones y declaraciones de sus miembros, y las responsabilidades de gobierno aumentan aún más estas exigencias. Normalmente, los partidos populistas que empiezan con tendencias extremistas pierden a sus miembros más radicales, que dimiten o son expulsados a medida que el movimiento estabiliza su posición en la arena política (cf. Sartori, 2005 [1976]). Así, los movimientos populistas se normalizan y se vuelven más convencionales cuando se consolidan dentro de un sistema político (Wiles, 1969; Akkerman *et al.,* 2016).

Sin embargo, no todos estos movimientos se alteran de forma significativa, y en muchos partidos populistas la idea de defender a la masa del pueblo y de enfrentarse a las élites o a los inmigrantes sigue siendo primordial. En bastantes casos, los actores populistas mantienen al menos parte de su radicalismo incluso después de haber ganado en las elecciones nacionales (Akkerman *et al.,* 2016). Donald Trump es un buen ejemplo de líder populista que, asombrosamente, conservó su «enfoque populista» mientras fue presidente de Estados Unidos. Esto también ha preservado la fe que su base de apoyo deposita en él. Los partidos populistas también pueden buscar nuevas confrontaciones para mantener el espíritu de protesta populista y la identidad de grupo. Cuando un partido se normaliza y se convierte en una organización política suficientemente convencional, esta institucionalización puede borrar su identidad populista. En este sentido, el populismo puede considerarse uno de los elementos del proceso de desarrollo de los partidos políticos. Por otra parte, en casos extremos, un movimiento populista también puede ganar una mayoría simple y empezar a gobernar un país de forma autoritaria; se pueden encontrar ejemplos tanto en Europa como en América.

Por lo tanto, el populismo está generalmente asociado con movimientos políticos, aunque no puede reducirse a un único tipo de movimiento. Como revelan los ejemplos expuestos al principio del libro, el populismo se vincula con tantos movimientos diferentes que encontrar un denominador común entre ellos es difícil, si no imposible. Además, se puede aducir que parte del populismo está más vinculado a una persona que a un movimiento. La mayoría de los movimientos populistas tienen una figura líder fuerte y distintiva en torno a la cual se construye el movimiento. En el continente americano, el populismo de liderazgo es especialmente frecuente –se puede decir que la tradición «peronista» de Juan y Evita Perón creó un molde para el populismo (Taggart, 2000)–, y Donald Trump se convirtió en un emblema del populismo en Estados Unidos en las décadas de 2010 y 2020. El populismo que lo apuesta todo a un líder también es común en Europa, donde políticos carismáticos como Marine Le Pen, Jörg Haider, Geert Wilders, Nigel Farage, Pia Kjærsgaard, Jimmie Åkesson, Timo Soini y Beppe Grillo han sido su cara pública. El culto personal en los movimientos populistas es a veces tan fuerte que el movimiento y la personalidad se entrelazan y pierden el apoyo si la persona que lo lidera se retira de la política. Los nombres y los discursos de los líderes populistas suelen actuar como el pegamento que mantiene unida la identidad de estos movimientos. Paradójicamente, los líderes populistas rara vez proceden del «pueblo» al que dicen representar. Por lo general, son personas instruidas y también suelen ser ricas. En otras palabras, suelen representar a la élite contra la que protestan sus movimientos. Donald Trump, por ejemplo, es un multimillonario cuyo capital financiero y poder social se parecen poco al marco de referencia de la gente de la que obtiene el grueso de su apoyo. En la misma línea, Marine Le Pen creció en un entorno de clase alta y en un hogar opulento, tuvo una formación jurídica y trabajó principalmente en organizaciones que eran propiedad de su padre. Al principio de su carrera como abogada defendió a personas con escasos recursos, incluso a inmigrantes ilegales, lo que hace más difícil de entender que actualmente sea la principal figura de la Agrupación Nacional de Francia.

Los líderes populistas suelen ser hábiles presentándose en público. Tienen un estilo que conecta directamente con los votantes. Muchos son oradores y artistas carismáticos, y en esta época de las redes sociales se imponen los que son especialmente hábiles y conocedores de este ámbito. Por ejemplo, Donald Trump ha influido en los medios de noticias periodísticas a través de sus publicaciones en Twitter y marcando la agenda política. Algunos líderes populistas también utilizan sus estudios para atraerse apoyos políticos, mientras que los movimientos populistas de izquierda, como el kirchnerismo en Argentina, Syriza en Grecia y Podemos en España, explotaron la teoría del populismo de Ernesto Laclau durante la construcción de sus partidos políticos. La importancia del líder también se ve acentuada por el hecho mencionado anteriormente de que los movimientos populistas suelen fortalecerse cuando un bloque de poder hegemónico de larga duración se desmorona y se produce algún tipo de vacío de poder. Aquellos líderes populistas que presentan entonces demandas inflexibles reciben una gran visibilidad mediática y, en tiempos inciertos, pueden asumir un fuerte papel de padre o madre que crea y ofrece una sensación de seguridad entre sus seguidores.

La identificación política

Laclau intentó resolver la dificultad de definir el populismo abordándolo como un proceso y no como una entidad. Para Laclau (2005), el populismo no es una ideología o un movimiento político específico. En su opinión, es precisamente el intento de definir el populismo a través de estos fenómenos fundamentales lo que conduce a problemas que imposibilitan llegar a cualquier definición general del mismo. No obstante, de acuerdo con Laclau, el populismo resulta de la lógica de un proceso político en el que un grupo de personas se identifica como actor político. Estamos ante unos ciudadanos, en su día marginales, que se perciben a sí mismos como representantes de un pueblo olvidado que posteriormente empiezan a definirse como «el pueblo» y se enfrentan a otros grupos que no consideran su gente. Normalmente esos otros representan a las supuestas élites políticas, económicas y culturales del viejo poder, pero también a extranjeros, inmigrantes, minorías sexuales o corporaciones supranacionales. Según Laclau (2005, 94), se trata de un proceso populista en el que «la *plebs* puede identificarse con el *populus* concebido como una totalidad ideal». Por lo tanto, para Laclau, el populismo tiene que ver en definitiva con «nosotros y los otros»; es decir, con la construcción de identidades.

El concepto de populismo que acabamos de explicar es muy positivo, puesto que hace hincapié en sus raíces epistémicas, que aluden a fenómenos populares ampliamente aceptados por el pueblo (Williams, 1988, 236-238). Esta perspectiva surge de los estudios anteriores de Laclau con Chantal Mouffe, en los que analizan la aparición de los movimientos sociales y su poder para cambiar la política (Laclau y

Mouffe, 1985). Sin duda, esta perspectiva también acusa la influencia de la experiencia del propio Laclau en el movimiento de la Juventud Peronista de Argentina y el radicalismo estudiantil de izquierdas de los años 1960. Laclau y Mouffe destacan la importancia de la sociedad civil y la democracia directa, y consideran que la política de partidos es inflexible y forma parte de un sistema rígido que no satisface las demandas políticas de la gente. También distinguen entre lo político y la política (por ejemplo, Laclau y Mouffe, 1985; Mouffe, 2005a). Lo primero se refiere a la politización de las cuestiones que surgen de demandas humanas genuinas, lo que puede dar lugar a cuestiones controvertidas. Lo segundo alude a la elaboración y la gestión de la política de partidos, que a menudo existe al margen de las demandas políticas directas de la gente.

Según Laclau (2005), en el proceso populista hay un sistema político hegemónico y unos partidos bien establecidos que se cruzan durante una situación histórica y un contexto de descontento, lo que propicia la expresión de distintas demandas sociales y políticas antihegemónicas. Si bien estas demandas pueden ser ideológicamente contradictorias y parecer diferentes entre sí, están vinculadas o «articuladas» entre sí y generan la oportunidad de crear un único movimiento. De esta forma, por ejemplo, las distinciones tradicionales de izquierda y derecha, que antes eran separables, pueden unificarse en el proceso de creación de la identidad de un movimiento populista, cuyo factor más importante para la gente es el sentimiento de que la escuchan o «le dan poder», politizando temas importantes para uno mismo y creando simultáneamente la cohesión de una identidad política única. Se puede decir que, en su significado, el populismo posee dos aspectos centrales para la gente: es afectivo y tiene la capacidad de movilizar.

Entender el populismo como un proceso de identificación política y de construcción de la identidad es una solución inventiva en la medida en que puede explicar realmente todas las formas de populismo, desde el populismo de derechas hasta el de izquierdas, desde el populismo agrario hasta el populismo actual. Sin embargo, según algunos críticos de Laclau, el problema de esta definición podría radicar en que el concepto de populismo se amplía hasta perder su capacidad analítica porque abarca la politización de cuestiones y la formación de grupos políticos a una escala más bien amplia (Bowman, 2007; Arditi, 2010). Si el populismo es una identidad política basada en la confrontación que surge de combinar demandas sociales, ¿qué creación de identidad política no sería populismo?

A algunos investigadores también les molesta claramente la posibilidad de entender el populismo bajo una luz positiva o progresista (véase Hawkins y Kaltwasser, 2017, 516). Para ellos, el populismo representa siempre el lado sombrío y feo de la política, las mentiras contadas al pueblo, las promesas incondicionales pero inalcanzables o la ideología nativista de extrema derecha, que conduce en los peores casos a fenómenos como el fascismo (cf. Mudde y Kaltwasser, 2012a, 15-16).

El rechazo del populismo simplemente como un fenómeno negativo no parece ser analítico ni estar justificado; sin embargo, creo que la crítica al alcance excesivo de la concepción que Laclau tiene del populismo es relevante. Con todo, la teoría del populismo de Laclau es quizás la única que abarca verdaderamente todas las formas de populismo y es capaz de arrojar luz sobre el atractivo que genera tanto a nivel individual como comunitario.

Laclau (2005) aborda el proceso de identificación populista con los conceptos de «significante vacío» y «significante flotante», que toma del antropólogo Claude Lévi-Strauss (1908-2009) y del psicoanalista Jacques Lacan (1901-1981). Así, según Laclau, «el pueblo» y «la élite» son significantes vacíos que se han desprendido de significados sólidos en una realidad compleja, pero que conservan la capacidad de llenarse momentáneamente durante la formación de la opinión populista, permitiendo que el concepto de un pueblo unificado se convierta en un actor político. Los nombres de los líderes y los partidos populistas y de los enemigos políticos también se utilizan habitualmente como significantes en la construcción de la identidad populista. Los significantes vacíos se relacionan con los significantes flotantes, lo que sugiere que los significados que hay detrás de las expresiones están en constante lucha y nunca se resuelven del todo (Laclau, 2005, 133). Como afirma Laclau, en la práctica, los significantes vacíos y flotantes no pueden separarse; son las dos caras de una misma moneda (*ibid*).

El punto de partida de la teoría del significante es la semiótica del lingüista suizo Ferdinand de Saussure (1857-1913), que distinguió dos niveles de significado lingüístico: el significante y el significado. El significante es la expresión del signo –la palabra hablada o escrita– que indica el contenido al que se refiere el significante (Saussure, 1960 [1916]). El argumento central de Saussure (1960 [1916]) era que la relación de los significantes (palabras) de la lengua oral y escrita con el contenido (significado) es principalmente arbitraria o se basa en la convención. En general, una palabra no tiene una conexión natural con el significado al que se la ha asociado en el transcurso de su historia. Fue Jacques Lacan (1901-1981) quien aplicó esta idea al psicoanálisis afirmando que «el inconsciente está estructurado como un lenguaje» (Lacan 1977).

Según Lacan, no hay un «yo» fijo. Al contrario, la subjetividad se construye en un proceso continuo de malas interpretaciones *(méconnaisance)*. De este modo, solo tenemos una especie de identificación imaginaria del yo, que se crea en la interacción tanto en entornos reales como imaginarios (Lacan, 1977, 6, 129). Como el yo se basa en gran medida en el reflejo inconsciente, según Lacan su fundamento es una cadena de significantes, que se construirán sobre diferentes interpretaciones. En otras palabras, intentamos construir y mantener una percepción de nosotros mismos atribuyendo continuamente significados al yo y convirtiendo así la realidad, y por tanto a nosotros mismos, en un yo individual que es claro y completo. Lacan llama a este nivel del yo «el orden simbólico», y se acerca a la ley del padre formulada por Freud. Es en este proceso cuando una ideología de apariencia normal nos sitúa dentro de una parte de las exigencias de un entorno y presenta nuestra relación con el mundo como algo natural (Althusser, 1971); así son las cosas y así somos nosotros (Glynos y Howarth, 2007, 118-119). Con la ayuda del orden simbólico, mantenemos nuestro sentido del yo y somos quienes creemos ser, pero al mismo tiempo también podemos convertirnos en esclavos de la ley del padre. Al igual que en el superego freudiano, la ley del padre también puede ser dura y apremiante, obligando, por ejemplo, al yo a adaptarse a las exigencias de la cultura y la sociedad. Por otra parte, trabajarse la identidad puede crear de manera subconsciente un profundo placer, que se siente de forma gratificante en la totalidad del cuerpo.

El psicoanálisis lacaniano explica el placer que se crea durante el proceso de identificación populista descrito por Laclau (2005). Identificarse con un grupo y pertenecer a un pueblo imaginado, distinguiéndose de otros, es una experiencia de empoderamiento que puede producir placer cuando se usan significaciones racionales o humorísticas para las confrontaciones. El placer también puede ser orgánico y aflorar, por ejemplo, de la fantasía subconsciente que la identidad populista de grupo posibilita. Lacan (1977) llama a este placer *jouissance*, 'goce'; un placer atávico, corpóreo e incluso orgásmico que difiere del *plaisir,* que es un placer construido culturalmente y de manera consciente. Quizás el goce más evidente lo procure el humor populista, en el que las identificaciones se refuerzan a través de las burlas. Por ejemplo, el humor racista puede apoyar las fantasías subconscientes y la identidad de grupo de los nativistas de una forma que raras veces alcanza un razonamiento meticuloso (Billig, 2001). Sin embargo, bajo la apariencia del humor, las fantasías subconscientes pueden aflorar a través del orden simbólico, porque el humor las hace más aceptables.

La formación de opinión populista y la identidad de grupo son muy atractivas porque despiertan experiencias emocionales profundas. Según la teoría de Laclau, la atracción del populismo se explica por el hecho de que se ocupa de emociones más bien fundamentales, relacionadas con la identidad y el placer. Laclau (2005, 101-106) cita al filósofo esloveno Slavoj Žižek a propósito del significado de nombrar en estas experiencias. Al nombrarse a sí mismos como el pueblo, al nombrar a los enemigos (élites, inmigrantes) y al jurar en nombre de un líder, son capaces de llenar los significantes vacíos al tiempo que logran una experiencia fundamentalmente completa como actores políticos. Según Žižek (1989, 44), la fantasía de totalidad unificada con respecto a la identidad es el principio que define nuestro concepto de realidad. La importancia del líder populista, en definitiva, es ser el significante vacío que encarna la unidad de la identidad política de la fantasía, y en torno al cual un grupo de seguidores puede formar una comunidad. Esto también explica por qué el líder no está obligado a ser carismático, porque su función última es actuar como punto de referencia simbólico para la comunidad. Ya en los años 1960, MacRae (1969, 160) sugirió que el populismo no tiene que ver en última instancia con la economía, la política o ni siquiera la sociedad, sino con la personalidad en un sentido moral. El populismo ofrece la oportunidad de ser una persona política completa en esta era posmoderna, una era que desgarra los cimientos del yo en fragmentos e incertidumbre.

El psicoanálisis es en sí mismo una teoría muy controvertida y se divide en facciones, que además se contradicen entre sí. Por lo tanto, no es de extrañar que el uso que hace Laclau de la teoría psicoanalítica de Lacan haya recibido críticas desde diferentes perspectivas, a pesar de que también se cree que el poder explicativo del psicoanálisis abre los procesos inconscientes que subyacen al populismo (por ejemplo, Glynos y Stavrakakis, 2004; Perelló y Biglieri, 2012). El psicoanálisis y la teoría populista de Laclau explican fenómenos que son difíciles o incluso imposibles de verificar empíricamente. No obstante, los principios básicos del pensamiento de Laclau son razonables. El pensamiento psicológico actual tiende a un fuerte consenso de que el yo se construye en continua interacción con el entorno y puede anclarse a diferentes valores y contextos ideológicos. En términos cotidianos, el populismo llega a algún tipo de experiencia emocional humana que la política de partidos, que se basa en soluciones racionales, generalmente no es capaz de alcanzar. Además, dependerá del punto de vista de a quién se le pregunte si se trata de un problema del populismo, de un problema político más general o de si ni siquiera es un problema.

La psicología del populismo se basa, pues, en la posibilidad que este ofrece de construir una identidad política estable en el complejo y contradictorio mundo de hoy, pues crea una intensa experiencia emocional en las personas al apelar a su deseo de seguridad, a su anhelo de un mundo entendido de manera clara, sin alteraciones, y donde los elementos de identidad –nacionalidad, etnicidad, género, sexualidad– no estén sometidos a una negociación continua. Sin embargo, esto no implica necesariamente estabilidad política. Por el contrario, parte del atractivo del populismo proviene de la experiencia afectiva de la politización y el desafío del *statu quo* político. El populismo ofrece a sus votantes su propia verdad, y se desmorona si tiene que prescindir de las confrontaciones antagónicas sobre las que se construye emocionalmente la identidad política. Por eso, el populismo no es una negociación, sino un imperativo político. Está al servicio de una firme creencia en el yo y en las líneas fronterizas que el sujeto utiliza para diferenciarse de los demás.

Un enfoque cultural del populismo

Este capítulo ha empezado definiendo el populismo según Mudde y ha continuado introduciendo varias de sus dimensiones históricamente destacadas, que también sustentan la definición de Mudde. El foco se ha puesto de manera especial en la ideología, el estilo y el movimiento, la percepción del pueblo y la expresión de su voluntad, así como en la supuesta confrontación entre el pueblo olvidado y otros grupos poblacionales, pero también en las identificaciones políticas teorizadas en la tradición laclaudiana (véase la Tabla 1.1).

A partir de este debate, surgen tres ideas importantes que son fundamentales para definir el populismo. En primer lugar, es bueno entenderlo como un proceso y no como un fenómeno esencial, por ejemplo, una ideología o un movimiento político. Como el populismo implica invariablemente una fuerte confrontación, un proceso describe mejor su construcción. La definición de populismo como una forma de identificación política que se obtiene cuando se ve el mundo a través de «nosotros» y «otros» abarca fenómenos muy diferentes asociados al populismo, las ideologías, las personas y los movimientos. Aunque el populismo tradicional se dirige contra las élites, los populistas también pueden enfrentarse y atacar a otros grupos de personas. Por supuesto, con frecuencia se acusa a la élite de promover una política demasiado liberal que olvida los privilegios del «pueblo», pero, más importante que el enemigo en sí, es la idea de identificación política a través del antagonismo afectivo.

Tabla 1.1. Diferentes definiciones de populismo

Punto de partida de la definición	Principal énfasis en la definición	Actores de la definición	Teóricos reconocidos
Ideología, *heartland*	Confrontación entre el pueblo y la élite	«El pueblo olvidado»	Cas Mudde, Paul Taggart
Estilo político	Retórica, actuación	Político, partido político	Pierre-André Taguieff, Benjamin Moffitt, Margaret Canovan
Movimiento político. Identificación política	Agrupación política, movilización. Identidad política, afectividad	Partido político, movimiento social. Movimiento social, grupo político	Ernesto Laclau. Chantal Mouffe

En segundo lugar, en relación con el punto anterior, el populismo tiene que ver con la politización, con llevar cuestiones a la política (Palonen, 2003). Esto significa que el populismo no puede reducirse puramente a una cuestión de estilo. La noción de la ideología como un sistema razonablemente completo de ideas como el capitalismo, el socialismo, el liberalismo, el conservadurismo o el nacionalismo no funciona con el populismo, pero este sigue siendo ideológico: utiliza y combina las ideologías existentes según sus necesidades para satisfacer las demandas sociales de su época y contexto político. Las ideologías también guardan relación con los valores y las cuestiones morales que se expresan reiteradamente en el populismo. Así, aunque el populismo tiene mucho que ver con el estilo de expresión y actuación, que se basa en la construcción de una oposición y de grupos antagónicos, el populismo no existe sin algún tipo de apuntalamiento ideológico y, por ende, político.

En tercer lugar, el populismo tiene que ver con la construcción de un sujeto político, o de identidades. La fuerza del populismo radica en su capacidad de influir profundamente en un grupo de personas y crear un fuerte sentimiento de pertenencia. Al mismo tiempo, también puede ir acompañado de hondos sentimientos negativos, incluso de ira, contra grupos de personas que son excluidos del «pueblo» a causa del antagonismo creado. Por lo tanto, en el populismo las ideologías guardan relación con las justificaciones aducidas para identificar y construir identidades. Como sostiene Laclau, en este proceso los diversos significantes, eslóganes, nombres y símbolos que pueden utilizarse para crear sentido de pertenencia y antagonismo desempeñan un papel importante. Por otra parte, los detractores del populismo pueden construir sus propias identidades desde la perspectiva opuesta. De ahí que el populismo esté intrínsecamente ligado a la construcción del antagonismo político en un sentido profundo de formación de identidades sociales.

Las ideas anteriores se hacen eco de las teorizaciones de Ernesto Laclau y Chantal Mouffe. Sin embargo, el problema de la teoría del populismo de Laclau y Mouffe es que se trata esencialmente de una teoría aplicable a todos los tipos de despertar político, a la emergencia de movimientos políticos y a los puntos de partida de la actividad política, mientras que el populismo alude principalmente a cierto tipo de actividad política limitada. El populismo no tiene por qué entenderse solo negativamente o usarse como una lucha política, sino como un concepto que pierde su capacidad analítica si se refiere de forma demasiado imprecisa a la construcción de la autocomprensión e identificación políticas mediante el uso de antagonismos. De acuerdo con su etimología, la esencia del populismo es la percepción de un pueblo común e indivisible cuya voluntad es ignorada en política. El populismo no va de promover los intereses de los trabajadores o las personas desempleadas, como en la ideología de izquierdas, ni de promover los intereses de la clase media o alta, como en la ideología de derechas. Tampoco tiene que ver con la conciencia medioambiental de una población liberal, como en el movimiento verde, ni con la defensa de los valores conservadores cristianos, islámicos o hindúes en la línea de los movimientos políticos de base religiosa. El populismo se diferencia de otros antagonismos construidos políticamente porque politiza la idea de «la voluntad del pueblo», conjugando intereses e ideologías diferentes, incluso contradictorios, bajo el denominador común de pueblo.

Como tal, el populismo puede definirse como sigue:

> El populismo es un proceso afectivo de identificación política que construye antagonismo entre dos facciones imaginarias, un pueblo incomprendido y los grupos que amenazan su soberanía (élites, inmigrantes u otras minorías). La identificación populista utiliza significantes con una carga ideológica y moral que se adaptan a las demandas políticas indisociables del contexto.

Esta definición de populismo atiende a lo que llamamos «enfoque cultural del populismo» y pone el énfasis en las dimensiones retóricas, performativas y discursivas del proceso populista, en conjunción con una perspectiva politoló-gica sobre las estructuras y los contextos relacionados con la emergencia y las prácticas del populismo. Por lo tanto, tiende un puente sobre la brecha entre las tradiciones ideo-lógica y laclaudiana en los estudios sobre el populismo que permite una profunda comprensión teórica del populismo contemporáneo, pero también la investigación empírica so-bre los fenómenos y los movimientos llamados populistas en la política de partidos, los medios de comunicación y la democracia. El núcleo de este enfoque cultural del popu-lismo se encuentra en las formas que el populismo tiene de combinar procesos culturales de significaciones –dando sig-nificados politizados a las cosas– e identificaciones afecti-vas –creando pertenencia social y exclusión– en identidades políticas.

2. Breve historia de los diferentes populismos

Si el populismo se entiende en su significado cotidiano más común como la retórica política atractiva y emocional del pueblo, entonces ha existido desde que existe la política. La retórica ya era fundamental en la vida política de la Antigüedad y en la retórica clásica; apelar a las emociones (*pathos*) era tan importante como apelar a la razón (*logos*) (Aristóteles, 2004). En la historia de los Estados nacionales y los partidos políticos modernos, el populismo se ha asociado a ideologías y movimientos muy variados. La historia de los movimientos populistas suele remontarse a los *narodniki* de la Rusia zarista de los años 1870 y al Partido del Pueblo de Estados Unidos de los años 1890 (por ejemplo, Canovan, 1981; Taggart, 2000). Sin embargo, Wiles (1969, 172) nos recuerda que el movimiento popular de la clase trabajadora británica, el cartismo, representaba un populismo típico incluso antes de mediados del siglo XIX, y hasta los movimientos anteriores asociados a las guerras civiles inglesas de mediados del siglo XVII pueden considerarse populistas. Por ello, lo que en un momento determinado se considera un movimiento populista tiene que ver con cómo se define el populismo.

Como las identificaciones populistas se construyen en un contexto histórico y una cultura política local determinados, escribir una historia general del populismo resulta difícil, si no imposible. La dificultad de definir el populismo no facilita las cosas. De hecho, las modalidades históricas de populismo tienden a estar extremadamente cargadas de contexto. Por ejemplo, se ha discutido el populismo estadounidense, ruso, latinoamericano y europeo como si fueran fenómenos separados (por ejemplo, Ionescu y Gellner, 1969; Taggart, 2000). Sin embargo, en revisiones más limitadas local y temporalmente, la historia del populismo es abordada con una clasificación más temática. Ann-Cathrine Jungar (2017, 20), por ejemplo, distingue tres etapas en la historia del populismo nórdico: el populismo agrario que surgió en Finlandia a finales de los años 1950, el populismo de protesta fiscal en Noruega y Dinamarca en los años 1970 y el populismo de derechas y nativista presente en todos los países nórdicos mencionados desde los años 1980.

En este libro, la historia del populismo se aborda temáticamente, pero sigue siendo a nivel general. Estructuro la historia del populismo en relación con la definición de populismo presentada al final del capítulo anterior, según la cual el populismo se entiende como la construcción de identidades políticas a través de diversos procesos significantes de confrontación. Considero la historia del populismo ante todo en relación con las confrontaciones entre el pueblo olvidado y sus enemigos, sobre las que el populismo se puede construir en cualquier contexto. Esto significa que las diversas formas de populismo y los movimientos populistas no clasifican la historia del todo cronológicamente. Algunas confrontaciones se han repetido en diferentes contextos a lo largo de la historia, mientras que otras están más claramente determinadas por su contexto. Sin embargo, vista así, la historia del populismo también puede estructurarse en períodos según los tipos de confrontaciones populistas que han sido comunes en contextos específicos. Esto se explica, en parte, por los grandes ciclos sociales, políticos y económicos que enmarcan las identificaciones populistas y definen qué ideologías y demandas sociales están vinculadas entre sí actualmente. Los cambios históricos provocan crisis en los sistemas políticos creando espacio para diferentes tipos de populismo, y los propios actores populistas también articulan crisis que les permiten presentarse como una respuesta a estas o como salvadores (Laclau, 2005).

Francisco Panizza (2005, 11-13) ha identificado cuatro factores que contribuyen al auge del populismo como forma central de identificación política. El primero es que la gente ya no cree en la capacidad del sistema político para resolver los problemas sociales. En segundo lugar, se deduce que la confianza en los partidos políticos y en sus acciones es escasa. En tercer lugar, otros cambios relacionados con la economía, como la urbanización o los efectos de la globalización, apoyan las identificaciones populistas. En cuarto lugar, la manera que el populismo tiene de estructurar el mundo se está extendiendo a la actividad política fuera de las instituciones políticas. El creciente papel de los medios de comunicación en la política contribuye a todos estos factores (Mény y Surel, 2002). Así, tanto la política como los ciclos y las crisis económicas enmarcan históricamente las articulaciones de las ideologías políticas y las demandas sociales, y crean un espacio para el populismo. En consecuencia, la historia del populismo puede entenderse, al menos en parte, si observamos las estructuras, las corrientes y los cambios más amplios que enmarcan sus diversas manifestaciones. Basándome en lo anterior, clasifico la historia del populismo moderno en cuatro formas o etapas diferentes, a saber: (1) el populismo agrario, (2) el populismo autoritario, (3) el populismo político y (4) el nuevo populismo (véase la Tabla 2.1).

Tabla 2.1 Dimensiones de las formas históricas de populismo

Forma de populismo	¿Quién es el pueblo?	¿Los enemigos principales?	Ideología principal
Populismo agrario	Provincia, *heartland*	Élites metropolitanas	Primitivismo, nostalgia
Populismo autoritario	Estado nación, el líder	Quienes amenazan el poder del Estado	Nacionalismo, orden público
Populismo político	Pueblo olvidado	Élite política gobernante	Antagonismo, conservadurismo
Nuevo populismo	Habitantes nativos, el pueblo puro	Élite gobernante, globalización	Maniqueísmo, nativismo

El *populismo agrario* se asocia especialmente a las crisis de las grandes sociedades agrícolas habidas a finales del siglo XIX, pero sus manifestaciones también se vieron en los años 1950 y 1960 en los países que se industrializaron rápidamente tras la Segunda Guerra Mundial. El *populismo autoritario* se vincula al ascenso de las fuerzas nacionalistas para dominar la sociedad en su conjunto en la primera mitad del siglo XX, especialmente en Europa, pero sus manifestaciones también pueden encontrarse en la Sudamérica posterior a la Segunda Guerra Mundial, en la Gran Bretaña de Margaret Thatcher o en la Europa del Este del siglo XXI, en los Estados Unidos de Trump y en Asia (véase Norris e Inglehart, 2019). El *populismo político* surgió en el contexto angloamericano en el siglo XIX, pero ha sido común, especialmente desde la segunda mitad del siglo XX, en las democracias occidentales, y puede encontrarse hoy en la mayoría de las democracias representativas en las que políticos individuales buscan el apoyo de los votantes a través de diversas actuaciones mediáticas. El *nuevo populismo* empezó a fortalecerse después de los años 1970, especialmente en Europa. Se caracteriza por la oposición a las élites, pero, en mayor medida, los movimientos populistas del tercer milenio han rechazado a los inmigrantes y otras minorías. El nuevo populismo puede vincularse al debilitamiento del poder de decisión de los Estados nacionales provocado por la globalización y un mayor dominio de las corporaciones transnacionales, así como a la creciente movilidad de las personas. Además de en Occidente, el nuevo populismo también está presente en las culturas políticas de Asia oriental y Sudáfrica, por ejemplo. Tanto en el populismo político como en el populismo agrario, los enemigos se encuentran dentro del sistema político, pero en el neopopulismo se encuentran cada vez más fuera de él (Figura 2.1).

2. Breve historia de los diferentes populismos

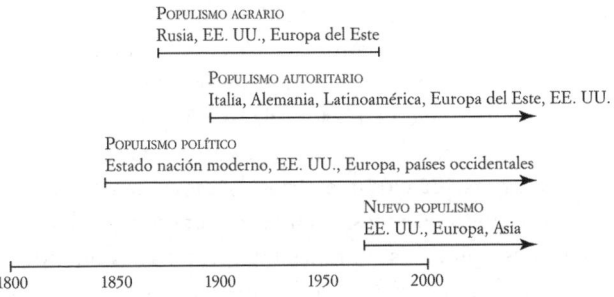

Figura 2.1 Las formas históricas del populismo moderno.

El populismo agrario

Como forma de populismo, el populismo agrario se origina en el cambio estructural de una sociedad agraria que cuestiona los estilos de vida o los valores de las personas radicadas en las comunidades rurales. La mayoría de las veces, el populismo agrario es fruto de los problemas que crean la industrialización y la urbanización a la comunidad rural, pero el movimiento *narodniki* –una de las primeras formas de populismo moderno– tenía más que ver con mejorar los derechos y las condiciones de vida de los campesinos en la Rusia zarista de los años 1870. El nombre *narodniki* deriva de la palabra rusa para 'pueblo', y el término *narodnitsestvo,* que se refiere a su ideología, corresponde en líneas generales al populismo, aunque la traducción del término ha sido objeto de discusión crítica (Worsley, 1969, 219).

La característica de los *narodniki* era que el movimiento estaba constituido sobre todo por destacados intelectuales universitarios. Los campesinos rusos no formaron un movimiento propio, pero la intelectualidad urbana adoptó las influencias del marxismo europeo de la época y empezó a aplicarlas a la sociedad agrícola rusa (Taggart, 2000, 46-47). Por ejemplo, en 1869, Piotr Lavrov y Nikolai Mijailovski, miembros de la izquierda revolucionaria, publicaron una serie de textos que inspiraron a los miembros del movimiento *narodniki* para difundir su mensaje entre los campesinos. Existen numerosas opiniones sobre las interpretaciones que Marx hizo de los *narodniki,* así como sobre su papel en el posterior movimiento revolucionario socialista de Rusia, pero el movimiento ha quedado inscrito invariablemente en la historia del populismo (Walicki, 1969, 92; Wiles, 1969, 172-173).

Aunque los *narodniki* formaron parte del movimiento revolucionario, se les ha considerado representantes típicos del populismo agrario, porque romantizaron el modo de vida rural como parte de un ideal eslavófilo y construyeron su ideología sobre esta base (Taggart, 2000, 46, 57). El Partido del Pueblo de Estados Unidos es un representante diferente del populismo agrario en este sentido. El partido se fundó en 1892 para promover los intereses de los estados agrícolas del Sur y del Oeste contra las políticas económicas que aplicaban el Norte y el Este industrializados, pero Estados Unidos no tenía realmente un campesinado como el de Rusia (Hofstadter, 1969, 14-17). Los agricultores y los ganaderos eran los herederos de las plantaciones de esclavos, empresarios capitalistas que perseguían sus propios intereses comerciales bajo la presión de los Partidos Demócrata y Republicano.

El Partido del Pueblo también se diferenciaba de los *narodniki* rusos en que se consideraba un auténtico movimiento popular. No tenía una figura de liderazgo clara, ni una maquinaria de partido organizada, sino que se había formado «desde abajo» como una respuesta de protesta contra los partidos gobernantes, que sostenían la causa de la nueva sociedad industrial (Taggart, 2000, 26-31). A diferencia de los partidos gobernantes, el Partido del Pueblo reivindicaba los derechos de agricultores y ganaderos al uso de la tierra, ferrocarriles y financiación, lo que provocó fuertes enfrentamientos con las plutocracias del Norte y del Este, por lo que tuvo muy buena acogida entre los agricultores del Sur y del oeste (Hofstadter, 1969, 18). Sin embargo, el movimiento acabó marchitándose debido a las deficiencias en su organización y su representación oficial en el sistema de partidos.

En su retórica, el Partido del Pueblo apelaba al campo como pilar de una verdadera identidad americana. La idea de un *heartland* se repite más tarde en el populismo estadounidense como una apelación inicial al pueblo (Taggart, 2000, 44). El populismo es una parte integral de la cultura política estadounidense que se manifiesta con regularidad, especialmente cuando la nación experimenta un sentimiento de crisis. El éxito de Donald Trump en las elecciones presidenciales de 2016 fue una clara continuación de la tradición estadounidense del populismo agrario. Si bien Trump se basó en gran medida en la decepción causada por el desempleo y la política de las comunidades industrializadas, la confrontación que construyó se apuntaló en la idea del «verdadero americanismo», fundado principalmente sobre la nostalgia de un *heartland* perdido. Trump prometió «devolver a Estados Unidos su grandeza», traer de vuelta el *heartland*. Eligió como enemigos a los representantes corruptos de las autoridades políticas y monetarias del Norte y del Este del país, del mismo modo que había hecho el Partido del Pueblo populista agrario 125 años antes. En este caso, sin embargo, el movimiento populista no fue ascendente, sino que paradójicamente se canalizó a través de Trump, que representa en sí mismo el poder monetario.

El movimiento populista agrario se extendió siguiendo los pasos de los *narodniki* rusos a muchas sociedades campesinas de Europa del Este. Por ejemplo, hubo movimientos similares en los Balcanes, Bulgaria, Rumanía, y más tarde en Polonia y Hungría, que anticiparon otros movimientos revolucionarios de finales del siglo XIX y principios del XX (Ionescu, 1969, 99-100). Ha habido formas de populismo agrario incluso más tarde, como el Partido Rural Finlandés (SMP), fundado en 1959 y muy popular como movimiento de protesta populista en las décadas de 1960 y 1970, que se inspiró en gran medida en la revolución industrial relativamente tardía y rápida de Finlandia tras la Segunda Guerra Mundial. La reestructuración social creó un espacio para una facción que se separó de Unión Agraria y se enfrentó a los vencedores del nuevo orden social: la élite urbana y los responsables políticos corruptos (Helander, 1971). El Partido Rural Finlandés promovió la idea de un «verdadero pueblo finlandés», un grupo que la élite había olvidado en su frenesí reformista y en la búsqueda de sus propios intereses.

De hecho, los teóricos del populismo agrario han escrito que el populismo tiene que ver con la idea de primitivismo de Jean-Jacques Rousseau (1712-1778), que cree en el poder de un estilo de vida sencillo y cercano a la naturaleza (MacRae, 1969, 155). Según MacRae (1969, 160), promueve un tipo de personalidad primitiva cuya concepción moral se basa en la idea de una comunidad rural cohesionada y virgen.

La idea de una personalidad primitiva hace hincapié en la destrucción de la espontaneidad natural a causa de los efectos alienantes de la civilización (MacRae, 1969, 161; Wiles, 1969, 167). Construye una utopía conservadora del campo sobre la que descansa una visión ideal del hombre. Aunque esta utopía ha sido una característica específica del populismo agrario, puede aducirse que la campaña de Trump de 2016, por ejemplo, apeló en la misma línea a la añoranza de una «verdadera comunalidad» de las pequeñas ciudades y fábricas estadounidenses. De esta forma, el populismo agrario puede transversalizarse incluso en las democracias actuales.

Lo esencial en el populismo agrario, por lo tanto, es la glorificación nostálgica del campo y la puesta en escena de la nación perdida como el significante del paraíso terrenal utópico. Los buenos tiempos, la comunidad rural unida y el trabajo conjunto por una meta común, así como el modo de vida urbano o cosmopolita alienado y la búsqueda egoísta del interés personal son contrastados. El primero está marcado por símbolos relacionados con el vocabulario y la imaginería agrarios, como los campos fértiles y el pueblo trabajador, así como por descripciones de carácter nacionalista; el segundo, por políticos urbanos despiadados, empresarios egoístas y trabajadores fabriles subyugados como máquinas. El populismo agrario ha caracterizado las transiciones en las que el campo se enfrenta a fuertes cambios estructurales, pero la nostalgia asociada a él también puede reflejarse en otras formas de populismo. El nuevo populismo de derechas que hace hincapié en el nacionalismo, en particular, suele emplear los mismos tipos de medios y marcadores retóricos que el populismo agrario cuando invoca el pasado común de la nación y promueve el antagonismo entre las élites cosmopolitas urbanas y el «pueblo puro» de provincias. En este caso, el *heartland* del populismo agrario se une al nacionalismo, en cuyas formas extremas el significante del pueblo se ha armado de razones étnicas y los ciudadanos no nativos quedan excluidos de la definición.

El populismo autoritario

Muchos estudiosos actuales del populismo lo entienden principalmente como un fenómeno político relacionado con las democracias, pero está claro que también se vincula orgánicamente al extremismo fascista y comunista, al construir poderosas imágenes de enemigos y al fomentar un odio visceral hacia determinados grupos de personas (por ejemplo, Ionescu, 1969, 116-118). En circunstancias normales, el apoyo a los movimientos de extrema derecha, por ejemplo, tiende a ser más bien modesto, pero una profunda recesión económica aumenta su popularidad porque proporciona imágenes fáciles del enemigo y soluciones directas a una situación difícil (véase Murdock, 2020). Por ejemplo, el ascenso nazi, que pasó de ser un movimiento extremista marginal a convertirse en un partido político gobernante en la Alemania de los años 1930, fue posible gracias a una profunda depresión, cuando el partido pudo ofrecer soluciones inmediatas a la debilitada situación económica del país y al enorme desempleo (Hobsbawm, 1994). Al mismo tiempo, los nazis proporcionaron seguridad en una situación en la que muchos experimentaban incertidumbre y miedo al futuro.

De hecho, la principal característica del populismo autoritario es la de infundir una sensación de seguridad en tiempos inciertos (Norris e Inglehart, 2019). Lo esencial es un líder fuerte y persuasivo que saque al «pueblo olvidado» de la zozobra, como hizo Moisés en la Biblia. En realidad, la retórica y los significantes religiosos son comunes en sus actuaciones. Los líderes populistas suelen ser intérpretes atractivos que hacen las veces de figuras paternas o maternas para sus ávidos seguidores. Saben hablar en un lenguaje político directo comprensible incluso para la gente corriente. Provocan emociones y apelan a ellas. Estas apariciones no están vinculadas a la negociación y la adopción de decisiones políticas, pero captan el interés del público y ganan apoyos. Todos los políticos pueden utilizar un estilo populista en algún momento de sus campañas, pero pocos construyen toda su carrera política sobre apariciones públicas populistas. Esta característica distingue al verdadero político populista del resto.

El extremismo fascista que se fortaleció en Europa en los años 1920 y 1930 se construyó en torno a líderes fuertes y carismáticos. Antes de que se convirtieran en sistemas que gobernaron por completo las sociedades y controlaron a las poblaciones mediante la coacción y el miedo, eran las cabezas de pequeños movimientos de protesta. Sin embargo, en la particular coyuntura histórica de recesión económica, un intenso sentimiento de impotencia política, la propagación del miedo y la inseguridad que afectan a grandes multitudes, esta clase de políticas basadas en el odio, la confrontación y la exclusión pueden contagiar el estado de ánimo de una nación entera (Hobsbawm, 1994; Murdock, 2020). La desesperación alimenta el populismo autoritario, como en la Italia de los años 1920 y la Alemania de los años 1930.

La personificación del populismo en un líder de fuerte carisma ha sido particularmente típica en América Latina. Se suele citar a Juan Domingo Perón como un prototipo de esta clase de líder, que alcanzó el liderazgo en Argentina en los años 1940 con el apoyo de su popular esposa María Eva Duarte (Evita) Perón. Perón incorporó influencias de Benito Mussolini a finales de los años 1930 y consiguió ganarse una enorme popularidad cuando sacó a Argentina de su profunda recesión formando alianzas con los sindicatos. La otra cara de la revolución de Perón fue el régimen autoritario, el control de la legislación y la restricción de otros actores políticos. La influencia personal de Perón se refleja en el hecho de que sus reformas socialistas y su movimiento popular se conocen como «peronismo» (Taggart, 2000, 61-66).

El contexto del populismo argentino en particular y del latinoamericano en general los hace interesantes pero diferentes de, por ejemplo, el populismo europeo. El desarrollo de la democracia ha sido lento en los países latinoamericanos, donde una cultura «clientelista» basada en los acuerdos mutuos y el reparto de poder ha rebasado el valor de la adopción de decisiones conjunta. Estados Unidos también ha intentado ejercer una fuerte influencia en el continente por sus intereses económicos y su temor al poder del socialismo. En muchos países ha habido grandes tensiones entre las zonas rurales y urbanas, y las dictaduras militares han tomado el relevo cuando el sistema político no ha sido lo suficientemente fuerte y consolidado. Con frecuencia, el populismo de izquierdas se ha manifestado en respuesta a los regímenes militares y ha conseguido que «el pueblo» se forje la capacidad política de reformar el régimen. De hecho, de acuerdo con Alistair Hennessy (1969, 29), en América Latina es típico servirse del populismo para aglutinar las demandas sociales y lograr adeptos al movimiento, con independencia de la ideología y la clase social.

Virpi Salojärvi (2016, 185), que estudió la relación entre populismo y medios de comunicación en la Venezuela gobernada por Hugo Chávez, nos recuerda que en América Latina el populismo suele permear el sistema político entero cuando la oposición populista desafía al bloque de poder (populista) gobernante. En otras palabras, un régimen que, a la manera populista, se distancia de la antigua élite de poder (una dictadura militar, por ejemplo), asciende al poder y adquiere una posición hegemónica enfrentándose a la nueva oposición populista. El primero –un movimiento populista tradicional– recibe apoyo entre la población trabajadora establecida y la clase media, mientras que la segunda nueva ola de populismo surge de la unión de la élite con ambición de poder y la parte más pobre de la población (Salojärvi, 2016, 82-83). En ambas formas de populismo, los líderes del movimiento son los significantes esenciales, cuyos nombres conectan las demandas del grupo con una identidad política común (Hennessy, 1969, 29). Esta narrativa apoya la teoría del populismo de Ernesto Laclau (2005) y al mismo tiempo contribuye a explicar por qué este autor argentino terminó estructurando el populismo como lo hizo.

Sin embargo, el sistema bipartidista incluye una dimensión totalizadora innata que es inherente al populismo, puesto que pretende abarcar todas las diferencias e identidades políticas a través de una única confrontación (Palonen, 2009, 321). El anhelo de un líder fuerte en tiempos de incertidumbre explica el éxito intermitente del populismo autoritario también en las democracias occidentales (Norris e Inglehart, 2019). Por ejemplo, el especialista cultural Stuart Hall ha analizado el ascenso al poder y la popularidad de Margaret That-cher en la Gran Bretaña de los años 1970 y 1980 utilizando el concepto de populismo autoritario. Según Hall (1988), la popularidad del thatcherismo entre grupos sociales muy diferentes tuvo que ver con la combinación de una estricta disciplina política desde arriba y una movilización populista desde abajo. Paradójicamente, los grupos socialmente desfavorecidos tienden a aferrarse a un líder que promete disciplina y orden, aunque la disciplina con frecuencia se cebe con ellos y oprima más su posición. Esto se explica por la noción de personalidad autoritaria, según la cual un determinado grupo de personas es proclive a adoptar valores conservadores y convencionales y cree en el destino, pero no quiere cuestionar la disciplina y se muestra distante o incluso hostil a la propia humanidad. La escuela de Fráncfort utilizó el tipo de personalidad autoritaria para explicar el ascenso del fascismo y el nazismo en Europa en los años 1920 y 1930 (Adorno *et al.,* 1950). Destacaron la importancia de la educación sistemática y de la propaganda en la difusión del tipo de personalidad, pero está claro que el clima social general también influye en la recepción del populismo autoritario (Murdock, 2020). En esto, los medios y la tecnología de la comunicación desempeñan un papel fundamental.

El máximo temor que suscita el populismo tiene que ver generalmente con el populismo autoritario. La historia del siglo XX en Europa ha enseñado que la atmósfera social puede virar con asombrosa rapidez de simpatizar con un movimiento populista marginal a respaldar un movimiento de masas destructivo que domina la sociedad en su conjunto. Hablar o no de populismo en un momento como este dependerá de qué se entiende por populismo. Desde un punto de vista humano, esta controversia sobre la definición de populismo parece más bien inútil si el populismo ha actuado de precursor en el desarrollo de una maquinaria totalitaria represiva. Sin embargo, en este libro vinculo el populismo al ámbito de la actividad política democrática y excluyo el totalitarismo coercitivo subyacente.

El espectro del populismo autoritario acecha especialmente en las sociedades con democracias en ciernes o cuyo desarrollo es todavía débil. Por ejemplo, en la década de 2010, el populismo autoritario se manifestó en Europa del Este, donde muchos Estados se habían transformado con cierta rapidez en democracias durante los años 1990, tras el desmoronamiento del sistema socialista. En estos países, los sistemas políticos democráticos aún no habían tenido tiempo de consolidarse adecuadamente, y era más fácil construir regímenes para actores que dominaran la nación con un estricto control populista que en las democracias consolidadas. En particular, Hungría ha sufrido el viraje del partido Fidesz, con el primer ministro Viktor Orbán a la cabeza, que ha adoptado un mando muy autocrático y ha empezado a atar en corto tanto al poder judicial como a los medios de comunicación. El Fidesz se ha ganado el apoyo popular, en primer lugar, enfrentándose a los enemigos políticos de su propio país, pero sobre todo alzándose en el poder gracias a una confrontación nacionalista con la Unión Europea y los grupos étnicos húngaros no autóctonos. Por otra parte, el país también tenía un sistema dividido a la manera de los países que explotaron el populismo autoritario en América Latina, con dos bandos en pugna por el poder hegemónico (Palonen, 2009). Se han observado acontecimientos similares en otros países de Europa del Este, notablemente en Polonia, pero también en menor medida en la República Checa y Eslovaquia, así como en Turquía, gobernada de forma arbitraria por Recep Erdoğan (véase Gürhanli, 2018). El afán de Donald Trump de desafiar a las instituciones políticas de Estados Unidos demostró que el populismo autoritario puede ganar terreno también en las democracias liberales tradicionales y fuertes. Vemos, pues, que el populismo autoritario existe en los sistemas democráticos, pero puede constituir un puente hacia formas de gobierno no democráticas.

El populismo político

En el lenguaje político cotidiano, el populismo se refiere sobre todo a un estilo particular con el que algunos políticos y partidos se diferencian de otros actores erigiéndose en los defensores de la «gente corriente». Se presentan como una especie de inspiradores de la democracia, al mismo tiempo que critican una democracia representativa que está congelada (véase Elmgren, 2015), o bien, el estilo populista puede concebirse como una mera estrategia consciente de comunicación política que se estima que aporta popularidad y éxito en las elecciones. La politóloga Margaret Canovan (2005, 77-78) ha hablado específicamente del populismo político como un estilo político personificado particular que pone el acento en las apariciones públicas y la publicidad en los medios de comunicación. Canovan cita al ex primer ministro británico Tony Blair y al ex primer ministro italiano Silvio Berlusconi como dos maestros de este estilo.

En el populismo político, su estilo es provocador y popular. Atrae sobre todo a quienes ven a los políticos como «sacerdotes profesionales», más acomodados y alejados de la vida de la gente corriente, por lo que ya no son capaces de identificarse con los desfavorecidos. Los políticos utilizan palabras extranjeras difíciles de entender y se van por las ramas en vez de decir directamente lo que piensan; las políticas que promueven son políticas tecnocráticas y se basan en cifras y estadísticas elaboradas principalmente en informes y estimaciones económicas. A aquellos no interesados en política les cuesta encontrar verdaderas diferencias ideológicas entre ellos. Todos los partidos parecen iguales y las decisiones de voto no parecen tener gran repercusión en las políticas adoptadas. Sus seguidores son principalmente personas instruidas, pero otros ciudadanos se desentienden o se sienten excluidos de la esfera política. La participación política en los partidos y el número de votantes van a la baja (Manin, 1997).

En el contexto de la política tecnocrática, un estilo populista basado en fuertes confrontaciones puede aportar una sensación de frescura. Las reivindicaciones directas, las expresiones mordaces y un lenguaje colorido despuntan entre la masa gris del discurso político. Pintar imágenes enemigas ofrece respuestas sencillas y apela a las emociones de los desencantados con la política. Sin embargo, lo esencial en el populismo es que sus principales enemigos se encuentran dentro del sistema político: el populismo político ataca a quienes detentan el poder político y supuestamente han fracasado. Así, sus principales enemigos son otros políticos que, en opinión del populista, se han olvidado de la gente corriente y persiguen básicamente sus intereses personales.

Por su comportamiento, el populista se convierte en un agitador dentro de la política de partidos. Promete resultados rápidos a problemas complejos, aunque en política se sabe que esta clase de respuestas no son realistas. Por término medio, la política tarda en marcar la diferencia, y los cambios logrados suelen ser modestos y se producen en el transcurso de un largo período de tiempo; de ahí que llamar a alguien «populista» sea algo peyorativo en numerosas democracias occidentales (Canovan, 2005; Bale *et al.,* 2011). En el discurso político, el populista es un impostor que promete el oro y el moro solo para ganar popularidad. Sin embargo, cuando los actores populistas alcanzan una posición decisiva, son incapaces de cumplir sus promesas y tienen que tragarse sus palabras. Por culpa de estas connotaciones negativas, el lenguaje político público evita usar el término «populismo» (Herkman, 2016). Solo un puñado de actores políticos, que han triunfado en la carrera política, quieren de verdad que los llamen populistas.

Algunos populistas han intentado darle una connotación más positiva al término en público y han destacado su raíz etimológica en expresiones relacionadas con el pueblo y la popularidad (cf. Williams, 1988, 236-238). Por ejemplo, el líder del Partido de los Finlandeses, Timo Soini, lanzó el término «populismo» como una parte integral de la identidad del partido antes de las elecciones parlamentarias de 2011. El partido se autodenominó con orgullo populista en sus manifiestos y aseguró que hablaba en nombre de la gente corriente y la defendía (Elmgren, 2015, 102-111). Al definir el populismo y hablar de «viejos partidos», el Partido de los Finlandeses también se distinguió estratégicamente de otros partidos que llevaban mucho tiempo en el poder, y de esta forma pudo construirse una imagen propia como movimiento de protesta alternativo. Cuando el partido ganó las elecciones y consolidó su posición en el Parlamento y más tarde también en el gobierno, se olvidó prácticamente del discurso populista. A pesar de los intentos de Soini, la acepción principal de populismo no cambió en el discurso público, y el movimiento consolidado ya no quiso identificarse como populista (cf. Herkman, 2016).

En cierto sentido, el populismo político puede vincularse a todo el populismo porque suele canalizarse a través de algunos políticos. Un político de estilo populista se convierte en el símbolo de un movimiento y su nombre sirve de significante central que une las identificaciones con dicho movimiento. Esto explica por qué el populismo se asocia con tanta frecuencia únicamente a un liderazgo carismático, a pesar de que, por definición, es un proceso más amplio de politización y formación de grupo. No obstante, también es posible tratar el populismo político como una forma históricamente específica de populismo en el sentido de que no todos sus buenos resultados conducen a la formación de nuevos grupos políticos, y mucho menos de movimientos políticos. El populismo político podría ser solo un estilo político provocador dentro del sistema de partidos, y también pueden practicarlo políticos ya asentados que representan a partidos tradicionales.

Históricamente, el populismo político se ha asociado en particular con determinadas culturas políticas que integran como suyos la retórica y el estilo. El populismo político ha sido, por ejemplo, una parte integral de los sistemas bipartidistas de Gran Bretaña y Estados Unidos. Las fuertes confrontaciones y disociaciones políticas parecen pertenecer a dicho sistema, lo que hace que el estilo populista sea una «parte natural» de la política (cf. Palonen, 2009). En ambos países, el populismo político se manifiesta de vez en cuando; los ejemplos más recientes son la lucha política que precedió al voto del Brexit y el voto de Donald Trump a la presidencia durante 2016. El populismo político también ha desempeñado un papel importante en regímenes más autoritarios, donde dos movimientos populistas han pugnado por el poder hegemónico, como ha ocurrido en algunos países de Europa del Este y América Latina (por ejemplo, Palonen, 2009; Salojärvi, 2016), así como en otros, como Francia e Italia, donde las sociedades en general están más polarizadas y son más controvertidas políticamente que, pongamos, el centro y el norte de Europa, donde se busca el consenso (véase Hallin y Mancini, 2004).

Sin embargo, el populismo político se ha manifestado con frecuencia en las democracias multipartidistas consolidadas desde finales del siglo XX. Taggart y Szczerbiak (2002, 34-35) han argumentado que la popularidad de los partidos populistas anti-UE, por ejemplo, es comprensible en las democracias multipartidistas europeas porque a los pequeños partidos de protesta les es fácil construir su propia identidad y salirse de los delimitados temas de los partidos tradicionales en un entorno de estas características. Las democracias multipartidistas del centro y el norte de Europa también han sido bastante consensuadas, al menos desde la Segunda Guerra Mundial. En ellas, la adopción de decisiones se ha basado en la búsqueda de un amplio consenso, lo que ha permitido a los movimientos populistas meter fácilmente a los partidos gobernantes en el mismo saco de corrupción frente al que poder construir su propia identidad.

De esta suerte, el populismo político ha sido y sigue siendo parte integral de la democracia representativa moderna, en la que el estilo populista sirve periódicamente de herramienta no solo para la diferenciación política, sino también para la politización de cuestiones. La mayoría de los políticos de éxito aprovechan el estilo populista en algún momento de su carrera como herramienta de campaña política. Las primeras etapas de los partidos políticos contemporáneos ya asentados también han usado un estilo populista, porque la identidad del movimiento se ha construido por medio de confrontaciones llamativas. El entorno político del siglo XXI parece favorecer fuertemente el populismo político, pues hay un número creciente de votantes en muchos países que sienten que los políticos y los partidos gobernantes no satisfacen sus demandas sociales, y, si cambia el entorno de los medios de comunicación y la política mediatizada, el populismo político en particular adquiere una resonancia favorable.

El nuevo populismo

En la segunda mitad del siglo XX, el populismo, especialmente en Occidente, ha pasado a denominarse con frecuencia «nuevo populismo» o «neopopulismo» para marcar la diferencia entre las formas previas de populismo agrario y totalitario. Taggart (2000, 73, 86) ve en la oposición a las instituciones políticas e incluso en la antipolítica un rasgo unificador de varios movimientos populistas nuevos. Gran parte de los estudios contemporáneos equiparan el nuevo populismo principalmente con el populismo radical de derechas, que pone el acento en el extremismo, el nativismo y la xenofobia como sus motores de identificación y movilización políticas (por ejemplo, Mazzoleni *et al.,* 2003; Mudde, 2007; Rydgren, 2010).

Es cierto que todos los nuevos partidos políticos populistas hunden sus raíces en movimientos de protesta que atacan con virulencia a los viejos partidos y a la élite gobernante, pero es exagerado afirmar que rechazan la política o el propio sistema político. Muchos de los nuevos movimientos populistas se diferencian de los movimientos extremistas precisamente porque funcionan como parte de la democracia de partidos y también están estrechamente vinculados a ella. Especialmente en Europa, los nuevos partidos populistas han afianzado su posición en el terreno político como muy tarde en este milenio, y han participado activamente en las instituciones representativas nacionales e incluso en los gobiernos (por ejemplo, Albertazzi y McDonnell, 2008; Akkerman *et al.,* 2016). De hecho, todos los movimientos populistas europeos enumerados al principio del libro pertenecen a esta clase de nuevos partidos populistas. Por otra parte, muchos de estos partidos tienen vínculos con movimientos extremistas, e influyen en personas que pertenecen o han pertenecido a ellos. Los movimientos extremistas también pueden aumentar su apoyo a través de la lógica populista, y los partidos populistas canalizan el apoyo de los movimientos extremistas a través de la democracia representativa. Por eso, a veces la diferencia entre el bando populista y un movimiento extremista puede ser difusa.

No todos los nuevos partidos populistas son nacionalistas radicales de derechas. El espíritu neopopulista de protesta y rechazo al poder de turno puede estar tan apegado a la ideología de izquierdas como dirigido contra las corporaciones y las élites del poder monetario, como en el caso del partido español Podemos o el griego Syriza. La protesta también puede ir dirigida contra los viejos partidos políticos en general, alegando que son incapaces de aportar soluciones a los principales problemas sociales del tercer milenio. El nuevo populismo ha surgido en la mayoría de los países occidentales en respuesta a la crisis de la política de partidos, con un número suficiente de personas que se sienten marginadas de la política. Al mismo tiempo, los nuevos populistas son expertos en incitar el espíritu de protesta y el pensamiento de crisis, lo que aumenta su apoyo. Las soluciones que ofrecen a la crisis dependerán, a su vez, del contexto local.

Junto a su consolidación, el espíritu de protesta de los nuevos movimientos populistas suele remitir, sus miembros más radicales terminan siendo expulsados y los partidos empiezan a adaptarse a la cultura política de partidos tradicional. A medida que los movimientos desarrollan sus estructuras de partido y operan en las instituciones de la democracia representativa, parece que el sistema los asimila. La transformación en partidos políticos decentes sugiere que es un fenómeno común que el populismo ponga el acento en las confrontaciones, especialmente en el proceso de emergencia de los movimientos políticos. Por otra parte, muchos de los nuevos partidos populistas europeos también han podido mantener su carácter populista como contramovimiento, aunque hayan conseguido una posición bastante consolidada entre otros partidos (Akkerman *et al.,* 2016). De hecho, Andrej Zaslove (2008) sostiene que los partidos populistas se han convertido en actores consolidados de la política de partidos europea en este milenio. El populismo como tal parece ser la corriente imperante en el siglo XXI.

El éxito de los movimientos neopopulistas en las democracias occidentales se explica más por el contexto político del momento que por un espíritu antidemocrático general o un nacionalismo extremista. Estos últimos son síntomas contextuales más que causas. Todos los nuevos partidos populistas se alimentan de un terreno en el que la globalización ha puesto en entredicho la capacidad política de los Estados nacionales. Esto también se aplica al auge del populismo en Asia y África en este milenio (Hadiz y Chryssogelos, 2017). Las industrias buscan constantemente costes de producción y mano de obra más baratos con independencia de las fronteras estatales, lo que cambia radicalmente las estructuras económicas y los mercados laborales de los Estados nacionales. Al mismo tiempo, los avances tecnológicos, como la digitalización, la gestión de redes, la automatización y la robotización, están cambiando las estructuras de la fuerza laboral y de las empresas, contribuyendo a que los países compitan entre sí en materia de educación, conocimientos técnicos y competitividad. Junto con los cambios en los medios y los entornos de comunicación, estas transformaciones han constituido un terreno fértil para la propagación del populismo.

Diversas crisis en Oriente Medio, África, el Cáucaso y Asia han creado flujos de refugiados, y las poblaciones se desplazan de una manera más decidida de un país a otro con la esperanza de una vida más segura y mejor. El conocimiento de otros países y de sus condiciones de vida, así como de diversas ideologías, creencias, opiniones y extremismos que actúan como estímulo para el movimiento político, el activismo e incluso el terrorismo, se difunde en un abrir y cerrar de ojos a través de las redes sociales e internet. Hoy en día, diferentes personas, ideas y culturas chocan a una escala completamente diferente de la de los años 1970, por ejemplo, lo que aumenta la incertidumbre sobre la estabilidad de las identidades y la vida en general. El mundo parece estar en un estado muy móvil en comparación con el orden mundial de hace unas décadas, primero definido por la confrontación de la Guerra Fría entre el mundo occidental liderado por Estados Unidos y el bloque oriental liderado por la Unión Soviética. Posteriormente, el filósofo Francis Fukuyama (1992) calificó este acontecimiento de «fin de la historia»; a saber, que desde principios de los años 1990 el capitalismo de mercado se había integrado en la democracia liberal en el mundo entero. No obstante, la historia no terminó, sino que el orden mundial actual, que cabalga de «crisis en crisis», parece alimentar especialmente bien las confrontaciones populistas, que ofrecen respuestas simples a problemas complejos y que en apariencia ordenan el caos.

En muchas democracias occidentales, el auge del nuevo populismo se asocia también con los retos que afronta el estado de bienestar (véase Taggart, 2000, 75). Por ejemplo, en los países nórdicos, la primera oleada de nuevo populismo tuvo que ver con la fuerte industrialización y urbanización de Finlandia en las décadas de 1960 y 1970, y con la construcción de un estado de bienestar con fuertes impuestos en la década de 1970, especialmente en Dinamarca y Noruega. Los partidos populistas rechazaban los impuestos y las intervenciones del Estado. Sin embargo, no lograron demasiada popularidad, y ese populismo libertario se marchitó con bastante rapidez, dado que el estado de bienestar resultó ser un proyecto relativamente exitoso. El populismo nórdico actual es más bien una reacción al desmantelamiento de las estructuras del estado de bienestar en el siglo XXI (Herkman, 2017a). La gente está acostumbrada a una vida segura, y el aumento de la competencia mundial hace que cada vez sea más difícil mantener el estado de bienestar. Al mismo tiempo, el poder de decisión a gran escala se ha desplazado de las instituciones políticas nacionales a las corporaciones empresariales multinacionales y a las alianzas transnacionales, como la Unión Europea. El margen de maniobra de la política nacional se ha reducido considerablemente, lo que ha hecho que los sistemas de partidos políticos se resientan y ha creado un espacio para los movimientos populistas, que cuestionan a los responsables políticos con problemas de legitimación y prometen devolver la toma de decisiones al ámbito nacional.

Los movimientos neopopulistas florecieron en los países nórdicos en el cambio de milenio, cuando incorporaron la antiinmigración y el nacionalismo radical de derechas como sus temas centrales. Para quienes experimentan inseguridad y están hastiados de la política, estos movimientos ofrecen una explicación clara y una solución sencilla a los problemas de bienestar del Estado nación. El entorno político en los albores del tercer milenio apoya este llamamiento. El aumento de la inmigración es fácil de relacionar con los cambios estructurales industriales y económicos, cuya causa se encuentra en las corrientes de la globalización económica y los avances tecnológicos ya mencionados. En otros países, como España y Grecia, las articulaciones populistas se acentúan de otro modo debido a sus contextos. La confrontación política económica de izquierdas parece responder mejor a las necesidades de las identificaciones populistas que los antagonismos basados en la etnicidad en países que no tienen una sólida red de seguridad del estado de bienestar y cuyas culturas de gobernanza «clientelista» o corrupta chocan con los mercados transnacionales y las demandas de austeridad que promueve la Unión Europea. En el momento de escribir este libro, no hay indicios de que las articulaciones populistas vayan a desaparecer. Tras una breve época dorada de los estados de bienestar, el mundo parece enfrentarse a una situación que cede mucho espacio a las nuevas identificaciones populistas también en las democracias occidentales.

3. El populismo y la democracia

La relación entre el populismo y la democracia es compleja, y se ha explorado desde varios ángulos sin claros resultados. Algunos investigadores vinculan el populismo con regímenes autoritarios y totalitarios como el fascismo, el nazismo y el comunismo; otros piensan que el populismo es esencialmente democrático por naturaleza. Aun reconociendo las tendencias del populismo que conducen al autoritarismo, aquí se explora sobre todo el populismo como un fenómeno democrático. Como se ha comentado en el capítulo anterior, el populismo puede estar –y ha estado históricamente– relacionado con regímenes autoritarios, pero, por encima de todo, es una parte de la democracia en el sentido de que su fundamento mismo reside en la idea de la «soberanía del pueblo» (véase Canovan, 2005). Los gobernantes autoritarios y los regímenes totalitarios pueden adoptar un estilo populista, pero el populismo como genuina identificación política y forma de politización solo puede materializarse si se dan las condiciones para procesos de esta índole. En un sistema totalmente autoritario o en las dictaduras no hay espacio para esta clase de identificaciones políticas contrahegemónicas.

La conexión intrínseca entre populismo y democracia se ve también en la etimología de estos mismos términos. Mientras que populismo deriva de la palabra latina *populus,* «democracia» proviene de la palabra griega *demos,* y ambas significan 'pueblo'. «Democracia» significa literalmente 'el poder del pueblo' *(kratos* significa 'poder'). Así, en su forma más simple, la democracia alude a la soberanía del pueblo y al gobierno de la mayoría –de forma muy similar a las identificaciones populistas (Mudde y Kaltwasser, 2012a, 10)–. En otras palabras, la democracia difiere de la monarquía, el imperio, la dictadura, el totalitarismo o cualquier otro régimen en el que un individuo o una pequeña e indiscutible camarilla de poder gobierna sobre quienes le muestran obediencia. No obstante, como se ha comentado en el capítulo 1, quiénes forman parte del pueblo y cómo se implementa «la voluntad del pueblo» varían históricamente y de una democracia a otra. Por lo tanto, las formas y las consecuencias del populismo también están vinculadas con las diferencias de contexto en cada democracia.

Cuando se habla de democracia en el siglo XXI, los puntos de partida obvios suelen ser la democracia representativa y la democracia liberal. Estas son las formas de democracia en las que aflora el populismo contemporáneo, aunque también puede aparecer en otros tipos de entornos sociales. Además, el populismo como concepto se ha vinculado con las ideas de «democracia radical» o «contrademocracia», en especial oposición a los ideales de la democracia consensuada y la democracia deliberativa. Las identificaciones populistas deben considerarse siempre en el contexto en el que aparecen. Por ello, a continuación ampliaré brevemente estos variados conceptos de democracia, donde el populismo contemporáneo se entrelaza de distintas formas.

Las distintas formas de democracia

Después de la Segunda Guerra Mundial, el economista y científico social de origen austriaco Joseph Schumpeter (1883-1950) definió la democracia como la organización institucional de adopción de decisiones políticas que convierte al pueblo en fuente de estas decisiones mediante elecciones en las que se elige a representantes individuales para que promuevan la voluntad del pueblo (Schumpeter, 1949, 250). Esta definición se utiliza mucho, y resulta práctica al exponer especialmente lo que son las democracias representativas, cuyas decisiones dependen del mandato alcanzado con el voto electoral (Mudde y Kaltwasser, 2012a, 11). En este sentido, la democracia schumpeteriana es, de hecho, una definición de la sociedad occidental y no de la democracia como tal. No obstante, estas sociedades crean un terreno fértil para el populismo.

Muchos investigadores relacionan el populismo sobre todo con las democracias representativas (véanse Canovan, 1999; Mény y Surel, 2002; Taggart, 2002). Según ellos, el populismo ofrece una respuesta particular a los problemas de este tipo de democracia. Si los representantes no tienen suficiente apoyo entre los ciudadanos, o los ciudadanos creen que estos no representan suficientemente «la voluntad del pueblo», la legitimidad de la representación se desmorona y las identificaciones populistas se vuelven tentadoras (Mény y Surel, 2002, 13-14). Taggart (2002) dice que el populismo es una enfermedad o un síntoma de los problemas de la democracia representativa. Normalmente, el populismo ataca la supuesta corrupción de la democracia representativa y exige una democracia directa que otorgue de manera directa el poder al pueblo. Paradójicamente, muchos movimientos populistas se apoyan en un liderazgo fuerte, aunque anhelan el poder directo para el pueblo (Mény y Surel, 2002, 8-11). Sin embargo, como nos recuerda Francisco Panizza (2005, 18-19), el cometido de un líder populista consiste principalmente en servir de significante unificador a las identificaciones populistas. Para sus partidarios, un líder populista representa todo aquello que no representa la «élite corrupta» de la democracia representativa.

La idea de democracia directa hace hincapié en que la ciudadanía debe participar en las decisiones que incumben a la sociedad. Por lo general, los populistas demandan un uso cada vez mayor de los referendos; sin embargo, una vez que han alcanzado el poder, a menudo es el líder, o la dirección del partido, quien toma las decisiones, y la justificación es que, a diferencia de otros representantes, sus figuras más destacadas sí que representan al pueblo. Esto demuestra que la relación entre populismo y democracia representativa es contradictoria: por una parte, el populismo deriva de la crítica general a la democracia representativa y de la exigencia de representación directa del «pueblo puro»; por otra, construye poderosos enfrentamientos entre varios grupos, excluye del pueblo a algunas agrupaciones y promueve un gobierno que cae fácilmente en el autoritarismo.

Algunas teorías políticas relacionan el populismo con la idea de democracia radical porque el populismo desafía el *statu quo* de la democracia representativa. La democracia radical es un ideal normativo que valora las continuas contestaciones políticas y los cambios en la representación, y que ve en democracia representativa convencional como una democracia marchita y estancada políticamente (véase Fenton, 2016). Es cierto que las democracias representativas tienden a encontrar su camino hacia el *statu quo* hegemónico, en el que el poder y la adopción de decisiones empiezan a parecer evidentes y rutinarios. En esta clase de circunstancias, la ciudadanía se vuelve pasiva y pierde el entusiasmo en la política que no parece ofrecer verdaderas opciones. El estancamiento es común tanto en las democracias liberales como en los sistemas más autoritarios. El ideal de la democracia radical rechaza todas las formas de estancamiento político; hace hincapié en que la democracia es más saludable si la gente tiene intereses políticos genuinos y estos se persiguen con entusiasmo, en el sentido de que acaban politizándose.

Ernesto Laclau y Chantal Mouffe (1985) han sido los principales defensores de la teoría de la democracia radical. Especialmente Mouffe (2002) ha promovido la llamada «democracia agonista», en la que conviven ideologías y visiones conflictivas, incluso si no llegan a encontrarse. El agonismo se diferencia del antagonismo, que conduce a posibles enfrentamientos violentos. La idea mouffeana del agonismo critica especialmente el ideal normativo de «democracia deliberativa», representado más célebremente por el filósofo alemán Jürgen Habermas, cuyas teorías sobre la esfera pública política y la acción comunicativa hacen hincapié en el diálogo constructivo entre intereses sociales contrapuestos. En la forma ideal habermasiana (1989) de la esfera pública, los diferentes intereses están representados en la deliberación pública, en la que finalmente gana el mejor argumento y se forma una opinión común que guía la adopción de decisiones sociales. En una situación óptima, el consenso social se logra a través de la deliberación pública.

Los críticos han recordado que la política no es solo argumentación o deliberación racional. Según ellos, el ideal de la deliberación no tiene en cuenta la afectividad y la irracionalidad, que con frecuencia se derivan de necesidades inconscientes e identidades políticas y no de una racionalidad fría (por ejemplo, Fraser, 1992). Por eso Mouffe (2005a, 88-89) distingue «lo político» de la «política». Con lo primero se refiere a los enfrentamientos políticos y a la politización de cuestiones derivadas de los intereses personales de cada cual, mientras que con lo segundo alude al funcionamiento del sistema político y sus instituciones, que representan el *statu quo* en la sociedad. Según Mouffe, el consenso destruye lo político y destaca la política como acuerdos convencionales e institucionales entre partidos políticos. En consecuencia, la función del populismo es devolver la política y la politización al compromiso social.

La teoría de Laclau (2005) sobre el populismo se basa en su explicación sobre la formación y la movilización de los movimientos sociales desarrollada junto a Mouffe en los años 1980. Según Laclau y Mouffe (1985), los movimientos sociales genuinos se forman en un contexto en el que la política hegemónica no responde satisfactoriamente a las necesidades y los problemas de la gente. Un movimiento contrahegemónico nace para combinar varias demandas sociales cargadas de contexto bajo el mismo paraguas. Estas reivindicaciones pueden tener incluso ideologías contradictorias y no seguir necesariamente la estructura de clases. Sin embargo, es importante que las diferentes reivindicaciones puedan vincularse o «articularse» entre sí, y a través de estas articulaciones se construye una unidad de identificación del grupo contrahegemónico. Esto explica que la teoría de Laclau y Mouffe se conozca también como «teoría de la articulación».

En la tradición laclaudiana, la lógica populista recuerda a la lógica general de todos los movimientos sociales, porque la politización es una fuerza constitutiva de la identificación populista. Por lo tanto, según Laclau y Mouffe, el populismo también es esencial en la teoría de la democracia radical porque cuestiona el *statu quo* social. Sin embargo, como nos han recordado los críticos de Laclau, no todo lo que es político o participa de la politización es populismo (Bowman, 2007; Arditi, 2010; Moffitt, 2020). Coincido con estos críticos en que es bueno reservar el populismo para un tipo particular de politización; a saber, las identificaciones con «el pueblo» en contraposición con los grupos que supuestamente amenazan su soberanía. De lo contrario, el populismo pierde su poder analítico como concepto y empieza a significar casi cualquier cosa en política (Arditi, 2010).

Otra dimensión criticada de la teoría de Laclau y Mouffe es su postura positiva frente al populismo. En principio, tiene que ver con su teoría democrática radical acerca de las posibilidades progresistas de los movimientos sociales de izquierda radical. Los críticos no quieren adoptar esta utopía normativa basada en la teoría del populismo democrático radical (Hawkins y Kaltwasser, 2017; Moffitt, 2020). Por el contrario, son muchos los investigadores que ven el populismo de derechas contemporáneo como algo más bien negativo, e incluso como un fenómeno nocivo para la democracia (véase Panizza, 2005). No obstante, hay que tener en cuenta que, incluso en la teoría democrática radical, no todos los investigadores promueven el potencial progresista del populismo. El politólogo francés Pierre Rosanvallon (2008), por ejemplo, ha hablado de «contrademocracia», es decir, de una sospecha necesaria de la democracia representativa que se manifiesta en el activismo, las manifestaciones y la *life politics*. Sin embargo, aunque Rosanvallon (2008) relaciona el populismo con la misma sospecha contra la política de partidos basada en la estructura de clases que no puede responder a las demandas sociales en las democracias representativas contemporáneas, no lo contempla como una fuerza antidemocrática tan progresista como pueden ser los disturbios civiles. Al contrario, Rosanvallon define el populismo de forma más bien negativa, como una actividad basada en el odio y los falsos juicios que incluso promueve el enfrentamiento violento.

El populismo político y el nuevo populismo son, pues, comunes en las democracias representativas que tienen formas tanto liberales como autoritarias (véase la Figura 3.1). Por ejemplo, la Rusia de Vladimir Putin es una democracia representativa con elecciones nacionales y presidenciales periódicas, y también puede vincularse formalmente con las democracias liberales, con una Constitución que garantiza los derechos de los ciudadanos. Sin embargo, Rusia es una nación autoritaria en donde las posibilidades reales de oposición política, libertad de prensa y cuestionamiento del régimen de Putin son prácticamente inexistentes, y donde también se pisotean los derechos de las minorías. Esta clase de

Figura 3.1 Formas de democracia y populismo.

poder centralizado es típico de las democracias autoritarias cuyos gobernantes explotan el nacionalismo populista para reforzar y mantener su poder. Además de Putin, Erdoğan en Turquía y Orbán en Hungría han aplicado estrategias populistas autoritarias en Europa hoy en día.

En algunas democracias liberales, como Estados Unidos y Francia, el poder presidencial también es notable, pero en estos países los contrapesos –instituciones como las estructuras políticas, las leyes y los tribunales, así como la prensa y la oposición política– controlan las tendencias autoritarias (Mudde y Kaltwasser, 2012a). Además, en las elecciones son posibles los cambios reales, como vimos en Estados Unidos, donde Donald Trump no pudo ser reelegido en las elecciones de 2020.

Las democracias liberales pueden dividirse en representantes de los ideales democráticos deliberativos y radicales. Los primeros hacen hincapié en el consenso social y la transparencia en la adopción de decisiones, y los segundos, en la representación individualista, la contestación política y el pluralismo (véase Hallin y Mancini, 2004). Los ideales deliberativos han sido fuertes sobre todo en los países del norte y del centro de Europa al término de la Segunda Guerra Mundial, y se ha favorecido un enfoque democrático más radical en los países del sur de Europa y angloamericanos. En las democracias deliberativas, los populistas se han visto normalmente como agitadores políticos que perturban la adopción de decisiones consensuada. Sin embargo, desde una perspectiva democrática radical, el populismo parecía ser más normal e incluso reformista en lo político (véase Moffitt, 2020). Este mismo fenómeno se aprecia también en enfoques académicos normativos sobre el populismo. Los investigadores estadounidenses parecen haber tenido –al menos antes de Trump– una actitud más positiva hacia el populismo que los europeos, que en el pasado han visto cómo el populismo democrático se transformaba en regímenes autoritarios e incluso totalitarios en sus países y en los países vecinos.

En las democracias autoritarias, el poder político está centralizado, y la oposición, acorralada, pero en algunos casos el populismo puede servir de contrincante contrahegemónico al poder gobernante. Esto ha ocurrido históricamente sobre todo en América Latina, donde los movimientos populistas se organizaron desde la base para desafiar el poder hegemónico (Taggart, 2000; Levitsky y Loxton, 2012). Con frecuencia, estos movimientos son liderados por una figura carismática que proporciona el pegamento simbólico que une las identificaciones y las movilizaciones populistas. Sin embargo, cuando los movimientos contrahegemónicos alcanzan el poder, a veces tras dolorosas batallas revolucionarias, suelen transformarse en regímenes autoritarios hegemónicos. Surge entonces un nuevo movimiento populista contrahegemónico que empieza a desafiar al anterior, que pierde su poder como significante de identificación afectiva populista. Este tipo de dialéctica es común en los sistemas políticos polarizados (Palonen, 2009). Sin embargo, en las peores situaciones, el populismo autoritario y la democracia se vuelven sistemas totalitarios que prohíben las ideologías contrarias o reprimen la disidencia por medios coercitivos. En estos casos ya no se puede hablar de democracia o de populismo, porque no hay cabida para las identificaciones políticas contestatarias.

El populismo como desafío a la democracia liberal

El populismo puede entenderse en primer lugar como un proceso que se origina en la desconfianza hacia la democracia representativa. El populismo articula las demandas sociales de quienes piensan en formar un grupo de «gente olvidada». La democracia representativa se ha asociado con frecuencia a la democracia liberal, que se convirtió en el principal modelo de sociedad, especialmente en Occidente, después de la Segunda Guerra Mundial, porque se pensaba que era la mejor inoculación contra desastres horribles como las dos guerras mundiales de principios del siglo XX. En la democracia liberal, las elecciones libres y el parlamentarismo se complementan especialmente con varios derechos civiles y ciudadanos, como los derechos humanos generales y la aspiración a la igualdad, los derechos de las minorías, la libertad de expresión y el derecho a expresar diversas actitudes ideológicas, políticas y religiosas (Mudde y Kaltwasser, 2012a, 11-13). A veces, las democracias liberales también se denominan «democracias constitucionales» porque, por lo general, los derechos civiles vienen recogidos en la Constitución (Mény y Surel, 2002, 8-11).

El populismo se ha vinculado intrínsecamente a las democracias liberales por dos razones. En primer lugar, las democracias liberales crean un entorno político en el que, paradójicamente, la identificación populista se hace posible. De hecho, el clima político en las democracias liberales sostiene la idea de la crítica y desafía la centralización del poder político. En los sistemas autoritarios, este tipo de crítica al poder político suele reprimirse de forma tiránica. En segundo lugar, además de los requisitos mínimos de la democracia representativa –elecciones libres y representantes electos–, la democracia liberal defiende los derechos de las minorías a través de una Constitución. El populismo, por su parte, apela al «gobierno de la mayoría» y por eso suele ser una fuerza de confrontación en las democracias liberales (Mudde y Kaltwasser, 2012a, 17).

No es de extrañar que, en particular en las democracias liberales occidentales, el populismo haya implantado generalmente ideologías nacionalistas y nativistas combinadas con valores conservadores. En consecuencia, muchas veces ha aparecido en forma de populismo radical de derechas, porque construye una clara fuerza contrahegemónica en el entorno democrático liberal. En entornos más conservadores, esta clase de valores no son tan evidentes en las identificaciones populistas. En los países en desarrollo o más pobres, la identificación populista suele articularse más estrictamente con las demandas económicas para mejorar las condiciones de vida de la población (Mudde y Kaltwasser, 2012b, 207). Las democracias liberales europeas han sido tradicionalmente estados de bienestar exitosos, donde ha aflorado el populismo de derechas y nativista, pero en América Latina, por ejemplo, el populismo se ha vinculado las más de las veces con demandas izquierdistas de igualdad económica sin unas dimensiones étnicas claras (véanse Taggart, 2000, 60; Levitsky y Loxton, 2012, 161).

Según el ideal de la democracia deliberativa, varias agrupaciones de la sociedad negocian sus intereses y deliberan juntas para obtener las mejores decisiones políticas con un amplio apoyo social. Muchas democracias liberales del norte y el centro de Europa se esforzaron por alcanzar este ideal al término de la Segunda Guerra Mundial y, en consecuencia, también pueden llamarse «democracias de consenso» (Mudde y Kaltwasser, 2012a, 15). En los países nórdicos y en el Benelux, por ejemplo, el principio de igualdad y la ideología del estado de bienestar han servido de bastión para la toma consensuada de decisiones. Parece sorprendente que, en particular en estos países, los partidos políticos populistas tengan una larga historia y que los movimientos populistas de derechas y nativistas hayan tenido especial éxito en el siglo XXI. Sin embargo, la tendencia antes mencionada en las articulaciones populistas explica la evolución: en las democracias de consenso liberales, es fácil equiparar las identificaciones populistas de derechas con las articulaciones nativistas-conservadoras y el antagonismo contra las élites consensuadas que son tachadas de cárteles corruptos y excesivamente liberales que socavan al «pueblo puro».

El populismo se basa en la confrontación, y eso es intrínsecamente antideliberativo. En el populismo, la supuesta visión mayoritaria se utiliza para la autolegitimación a costa del pluralismo. En el enfoque populista, la deliberación sobre los derechos de las minorías se considera un sinsentido. Es esta contradicción entre el gobierno de la mayoría y los derechos de las minorías en particular la que pone al populismo y a la democracia liberal en una trayectoria de colisión, y a veces hace que los populistas se resistan a la Constitución (Mudde y Kaltwasser, 2012a, 17). La Constitución trata a todos los individuos o ciudadanos como iguales, pero según los populistas de derechas y nativistas, las minorías étnicas no merecen tener los mismos derechos que los habitantes nativos. Por este motivo, numerosos actores populistas de derechas exitosos han promovido el «chovinismo del bienestar», en virtud del cual las prestaciones de la seguridad social deberían distribuirse de forma diferente entre los habitantes nativos y los inmigrantes (véase Bay *et al.*, 2013).

Para los actores populistas de derechas la Constitución es el enemigo, porque protege los derechos de las minorías y les impide adoptar las reformas prometidas a sus votantes, o, como mínimo, complica estos procesos. Por ello, no es de extrañar que muchos actores populistas intenten cambiar la Constitución para que les permita un ejercicio del poder más directo. Esto ha ocurrido en Hungría y Polonia, por ejemplo, pero la crítica contra la Constitución también es mayor en numerosas democracias liberales occidentales cuyos partidos populistas de derechas han triunfado en el siglo XXI. En general, la Constitución puede parecer rígida y bloquear el trabajo legislativo entre políticos, pero ese es, de hecho, su propósito. La Constitución es una lección aprendida de las guerras mundiales. Ralentiza la adopción de decisiones para garantizar los mismos derechos para todos y evitar que un solo actor acumule un poder excesivo. La Constitución es un elemento inherente a la democracia, que mantiene en lo posible la transparencia y la pluralidad de los procesos decisorios y legislativos.

Además de la Constitución, las democracias liberales contienen otras instituciones (pesos y contrapesos) que controlan la política, como los tribunales de justicia y la prensa libre. Por lo tanto, los actores populistas suelen atacar también a esas instituciones, a las que acusan de formar parte de la élite corrupta. El partido Ley y Justicia en Polonia y Donald Trump en Estados Unidos han hecho continuos reproches a los medios de comunicación y a los tribunales de justicia, y han intentado convertirlos en defensores de sus regímenes. De hecho, los ataques de esta índole ponen a prueba la fortaleza de la democracia liberal. Mientras el sistema de pesos y contrapesos repela las ofensivas intolerantes, las democracias liberales podrán sobrevivir. Si, en cambio, cede a las demandas populistas de cambiar los sistemas político, jurídico y mediático, el camino al autoritarismo está abierto. Lo hemos visto, por ejemplo, en la Turquía de Recep Erdoğan y en la Hungría de Viktor Orbán, donde las demandas populistas de democracia directa se han transformado en regímenes de corte autoritario durante la década de 2010. En el autoritarismo, las minorías y la oposición pierden los derechos y la voz. En esta situación cabe preguntarse si es posible seguir hablando de populismo o de si se trata más bien de autocracia y propaganda.

El populismo como parte de la democracia

Como es obvio, el populismo está orgánicamente ligado a la democracia, pero los desafíos que plantea a la democracia liberal han hecho de él un término y un fenómeno negativo en opinión de muchos pensadores (Norris e Inglehart, 2019). El populismo es un problema para la democracia liberal porque no es liberal (Canovan, 1999, 7) o es antiliberal (Pappas, 2019). Por este motivo, ha sido calificado como un síndrome, una enfermedad o un síntoma de la democracia (véanse Wiles, 1969; Taggart, 2002; Arditi, 2005; Rosanvallon, 2008). De forma más neutra, Margaret Canovan (1999) dice que el populismo es una sombra de la democracia. En cierto sentido, es la otra cara de la moneda, una dimensión inevitable de la democracia, porque tanto el populismo como la democracia sacan su fuerza de la soberanía del pueblo y, como se ha explicado en el capítulo 1, el pueblo es un concepto muy vago. El pueblo y su soberanía siempre son construcciones hechas desde un punto de vista particular (Panizza, 2005, 29).

Al igual que la democracia, el populismo reclama una sociedad civil y la voluntad del pueblo para apoyar el sistema político. El populismo repite en cierta medida los mismos ideales que la democracia. Canovan (1999, 8-14) sostiene que el populismo sigue a la democracia como una sombra debido a dos dimensiones ambivalentes en democracia: una «visión redentora» de una organización mejor y más pragmática de la gobernanza. Así, por un lado, la democracia promete la redención y, por otro, sirve a las rutinas políticas cotidianas. Esto segundo alude a las instituciones políticas, la administración y la regulación; lo primero anima a los ciudadanos a cuestionar estas instituciones a través de una actividad política espontánea y directa. Esta democracia de dos caras entre la sociedad civil y la política de partidos motiva el populismo y la contrademocracia (Rosanvallon, 2008).

El populismo parece problemático porque no sigue las tradiciones institucionales, las reglas y los rituales de la democracia, aunque aproveche los valores democráticos fundamentales del compromiso civil y la voluntad del pueblo. Benjamin Arditi (2005, 90-91) describe el populismo como el invitado borracho de la democracia que mete follón, pero al que no se le puede pedir que se levante de la mesa. El principal problema radica en que el populismo no puede servir de opción funcional a la democracia representativa sin convertirse en un régimen autoritario (Mény y Surel, 2002, 18). El populismo se presenta como la voz de todo el pueblo, en nombre de la mayoría (Canovan, 2005, 88). Sin embargo, ningún grupo puede representar nunca a todo el pueblo, lo que significa que la coexistencia de varios grupos de interés es la savia de cualquier democracia. En el populismo, el pueblo es siempre solo una parte, y con frecuencia representa a la minoría de la población, aunque lo promueva como el pueblo entero.

Así, la relación populismo/democracia es mutua. Por una parte, el populismo afecta a la democracia y, por otra, la democracia enmarca el populismo y sus implementaciones. El populismo político puede refrescar el estancamiento de la política de partidos o puede dirigir la política hacia vías laterales. Sin embargo, el impacto del populismo político es rara vez revolucionario. Aun así, si el populismo desafía verdaderamente el terreno político, puede tener una influencia más profunda en la política de partidos y la democracia.

Esto se ha observado en muchos países europeos, donde los partidos populistas han transformado radicalmente las relaciones de poder de los partidos políticos tradicionales, y la adopción de decisiones en la reestructurada relación gobierno/oposición se ha complicado. La influencia más revolucionaria en democracia se produce cuando el actor populista alcanza una posición de poder mayoritaria en la sociedad y refuerza su régimen autoritario desafiando los contrapesos democráticos liberales, como ocurrió en Hungría y Polonia durante la década de 2010 y también en los Estados Unidos de Donald Trump. Estos hechos demuestran que el populismo es inherente a la democracia y puede funcionar como un correctivo o como una amenaza final para ella, sacudiendo los cimientos de la democracia liberal.

Amenazas y correctivos

El populismo se ve más como una amenaza que como una posibilidad para la democracia porque, en la mayoría de las culturas y lenguas, «populismo» es un término negativo, mientras que «democracia», por el contrario, tiene connotaciones positivas (Mudde y Kaltwasser, 2012a, 15). En el discurso político, el populismo es peyorativo y se refiere a un estilo excesivo y provocador, promesas vacías y el cortejo demagógico del electorado (por ejemplo, Bale *et al.,* 2011). En los debates públicos, el populismo suele vincularse al populismo de derechas y nativista, que se caracteriza por una retórica nacionalista extrema y xenófoba, o incluso racista, y cuestiona los derechos humanos, la igualdad y los derechos de las minorías, que suelen promoverse en las democracias liberales y en los medios periodísticos. Por este motivo, es raro que en los debates públicos y políticos se valore el populismo.

No obstante, algunos investigadores nos han recordado que el populismo puede funcionar como un correctivo para la democracia si la élite gobernante se ha alejado de la vida cotidiana de sus votantes y no puede resolver satisfactoriamente sus problemas y experiencias (Mény y Surel, 2002, 14-15). El populismo puede dar voz a quienes se sienten excluidos de la política y creen que nadie representa sus intereses. Es capaz de movilizar a ciudadanos que, hastiados del estancamiento político, han advertido a los políticos de que deben centrarse mucho más en sus necesidades. Es posible que el populismo movilice incluso a ciudadanos y votantes que antes no mostraban interés por la política (Mudde y Kaltwasser, 2012a, 21). Panizza (2005, 11) nos recuerda que, gracias al populismo, algunas personas podrían encontrar su identidad política y experimentar la subjetividad política por primera vez en la vida. El éxito de los partidos políticos populistas en las urnas en el mundo entero es señal de que ha habido una gran demanda de populismo político en la coyuntura política y social contemporánea.

Una explicación sencilla del atractivo masivo del populismo puede ser su estilo de comunicación, que suscita emociones apasionadas, y emplea un vocabulario claro y popular. En comparación con el lenguaje tecnocrático y burocrático de los políticos profesionales, que se hace eco de la agenda diaria y la terminología de la economía, la justicia y otras instituciones sociales, la retórica populista es muy diferente y parece fresca (Mudde y Kaltwasser, 2012a, 21). El populismo puede marcar la diferencia y devolver la politización a la política, que antes se experimentaba como una gestión apolítica. Como modo de politización, la retórica populista refuerza las identificaciones y las movilizaciones políticas en tiempos de creciente apatía entre los votantes.

Además de la retórica, el populismo siempre se vincula a demandas sociales reales derivadas de contextos particulares. Con frecuencia, por una u otra razón, los actores políticos tradicionales no muestran excesivo entusiasmo cuando hablan de estas cuestiones, o no pueden abordarlas con un lenguaje adecuado. Como el populismo no sigue las estructuras de clase izquierda/derecha tradicionales, sino que combina o articula diferentes demandas sociales e ideologías entre sí desde una base popular (Laclau, 1977), es una herramienta más fluida y rápida que la política de partidos tradicional ligada a la ideología para dar respuesta a los problemas sociales cargados de contexto. Como tal, los movimientos populistas pueden presionar a otros partidos para que sus bases ideológicas cristalicen y se diferencien mejor en el terreno político.

La amenaza que supone el populismo viene de su tendencia a banalizar el orden social de la democracia representativa y, en casos extremos, esto puede amenazar la existencia misma de la democracia. Según Taggart (2002, 76), el populismo simplifica peligrosamente los debates políticos, porque un llamamiento populista en apariencia fresco y directo se transforma fácilmente en simple antagonismo y en la exclusión de exogrupos esenciales para la identificación afectiva populista. El populismo convierte la compleja realidad política en una sencilla constelación en blanco y negro, sin matices. Este es su poderoso atractivo, pero también su inconveniente, que se produce cuando los actores populistas ganan las elecciones: la adopción de decisiones democráticas pluralistas implica inevitablemente la negociación y los compromisos que no admiten un enfoque maniqueo populista en blanco y negro. Esto es lo que explica que, por lo general, los actores populistas no puedan cumplir sus promesas después del éxito electoral y decepcionen más a sus seguidores.

Los movimientos populistas sienten, pues, la presión de impulsar una política antiliberal que conduce al desmoronamiento de las instituciones democráticas. En nombre de la supuesta mayoría, promueven una política que oprime a las minorías y, por lo tanto, cuestionan la diversidad y el pluralismo que son esenciales para la democracia liberal. Así, el populismo puede enardecer todo el debate político y hacer que la adopción de decisiones de índole social sea todo un reto, o un imposible (Mudde y Kaltwasser, 2012a, 21). Hemos visto situaciones de este tipo en democracias liberales europeas, como Suecia, Suiza, Austria y Bélgica, donde el éxito de los partidos populistas de derecha radical complicó el trabajo de las coaliciones gubernamentales durante la década de 2010, y en Estados Unidos, donde la presidencia de Donald Trump tensó más que antes la colaboración entre el Congreso y el Senado. Incluso si no se adopta el ideal consensuado de la democracia deliberativa, hay que admitir que la organización de la vida social es difícil cuando la adopción de decisiones políticas resulta imposible por culpa de unas confrontaciones que son inamovibles.

El mayor miedo al populismo concierne a acontecimientos históricos en que los llamamientos populistas han derivado en regímenes autoritarios. Si actores populistas hostiles promueven la democracia directa y el gobierno de la mayoría contra la democracia liberal, y esto se complementa con su mayoría absoluta en las instituciones políticas, pueden empezar a convertir los sistemas en autoritarios. La viabilidad de la democracia se pone a prueba en su capacidad para resistir a estos esfuerzos y está vinculada a los pesos y contrapesos de las instituciones sociales y a la voluntad ciudadana de mantener el orden democrático. La historia del fascismo, el nazismo y el comunismo nos brinda un recordatorio necesario del populismo autoritario y su vínculo con los regímenes totalitarios capaces de cometer atrocidades.

Mudde y Kaltwasser (2012b) concluyen su trabajo estudiando varios análisis de casos sobre el papel del populismo, que con frecuencia puede ser tanto una amenaza como un apoyo para la democracia. Como las democracias son diferentes, las formas de populismo también varían en función de los contextos, lo que hace que las consecuencias estén cargadas de contexto. La relación mutua entre el populismo y la democracia afecta a las formas y los efectos de la conexión populismo/democracia. Según las observaciones finales de Mudde y Kaltwasser (2012b, 210-211), en estados de bienestar consolidados como Austria, Bélgica y Canadá, las instituciones democráticas liberales han sido tan fuertes que el populismo de derechas apenas ha sacudido sus cimientos. En cambio, en los países de Europa del Este y América Latina incluidos en los análisis, las instituciones y tradiciones democráticas son mucho más débiles y, por lo tanto, los efectos del populismo en el sistema han sido más fuertes que en las democracias liberales tradicionales.

En muchos países de Europa oriental y central con un pasado comunista, los regímenes de corte populista se volvieron autoritarios durante el siglo XXI porque los regímenes democráticos liberales no pudieron responder a las enormes expectativas de la población de forma suficientemente satisfactoria tras el colapso de los regímenes socialistas en los años 1990. Después de un sistema estable y estancado, la competencia impuesta por el mercado creó incertidumbre. Las promesas de prosperidad no se consolidaron hasta que algunos actores políticos desarrollaron identificaciones y movilizaciones populistas creando antagonismo entre el autoritarismo nacionalista y la amplitud de miras democrática liberal. Sin embargo, en algunos países latinoamericanos, el populismo también ha sido capaz de forjar una identificación política progresista con la sociedad civil. En este contexto, los sistemas políticos suelen estar constituidos por una dialéctica hegemónica y contrahegemónica de movilización populista (por ejemplo, Salojärvi, 2016).

En las democracias liberales, las consecuencias del populismo de derechas, según el análisis de Mudde y Kaltwasser (2012b, 212-214), fueron más severas en la política nacional que en la comunal, controlada por instituciones nacionales. Las respuestas al populismo también varían. Los actores populistas pueden tener que enfrentarse a un fuerte rechazo o a un cordón sanitario de aislamiento, como ocurrió en Suecia y en los Países Bajos a principios del siglo XXI, o se los puede incorporar al terreno político e intentar que el sistema los asimile, como en Noruega y Finlandia. Incluso en las culturas más críticas, otros actores políticos tienen que ceder ante los actores populistas si estos adquieren popularidad y el electorado apoya su programa político con fuerza. En Suecia y en los Países Bajos, por ejemplo, los principales partidos han empezado a colaborar con los actores populistas de la derecha radical en cuestiones en las que tienen intereses comunes a raíz de la estabilización de los partidos populistas en el terreno político a finales de la década de 2010 (véase Herkman y Jungar, 2021). En contextos más autoritarios, la única fuerza opositora al régimen autoritario podría ser, paradójicamente, otro movimiento populista que creara una articulación política contrahegemónica al bloque de poder (véanse Palonen, 2009; Levitsky y Loxton, 2012). Por lo tanto, en definitiva, el efecto del populismo sobre la democracia varía mucho dependiendo de los contextos, y no se puede dar una respuesta inequívoca a la pregunta de si el populismo es una amenaza final o un correctivo para la democracia.

4. El populismo y los medios de comunicación

Muchos investigadores coinciden en que los medios de comunicación son un elemento esencial en el auge y el triunfo de los movimientos populistas (véanse Mazzoleni *et al.,* 2003; Mazzoleni, 2014; Moffitt, 2016). En general, desde los años 1990 se ha llamado «mediatización» al creciente papel de los medios de comunicación en la política (Mazzoleni y Schulz, 1999). Algunos especialistas afirman que un entorno político mediatizado propicia especialmente un estilo populista por su atractivo para la gente. Las provocaciones y los enfrentamientos sonados se ajustan bien a la lógica de los medios de comunicación contemporáneos, que compiten con uñas y dientes por los anunciantes, las audiencias y la atención ciudadana (por ejemplo, Esser y Stromback, 2014; Moffitt y Tormey, 2014).

La intensificación de la relación mutua entre la política y los medios de comunicación también puede vincularse a los cambios en las democracias representativas. A finales del siglo XX y principios del XXI, en el mundo occidental las orientaciones partidistas han disminuido y se han transformado en individualismo político. En las democracias multipartidistas, los primeros ministros han alcanzado un mayor estatus, mientras que el parlamentarismo mayoritario ha situado a los gabinetes de gobierno en el centro del poder gobernante. En países como Estados Unidos, Francia, Rusia y Turquía, el estatus de la presidencia como figura principal del país se ha reforzado más aún en las últimas décadas. El politólogo Bernard Manin (1997) ha llamado a esto la transformación de una democracia de partidos a una democracia de audiencia.

Según Manin, el mundo occidental vivió la edad de oro de los partidos de masas desde el final de la Segunda Guerra Mundial hasta la década de 1970. Durante esta época, los partidos políticos representaban a gran escala las estructuras de las clases sociales y el comportamiento electoral era duradero. La identificación con el partido era fuerte, y se basaba en el sentimiento de que los partidos políticos representaban verdaderamente los intereses de diversas agrupaciones sociales. En la democracia de partidos se destacaba la lealtad al partido, y el voto era una muestra de esa confianza. La otra cara de la estabilidad era el consenso en los partidos de masas, que erradicaba la pluralidad y las demandas de las minorías. La deliberación pública era más bien pobre, porque los debates y las deliberaciones más importantes transcurrían en los círculos internos de los partidos. No obstante, puede afirmarse que, a nivel general, el gobierno de la mayoría era una característica esencial de la democracia de partidos.

Durante la década de 1970, los estudios electorales empezaron a demostrar que la mencionada democracia de partidos no era tan duradera como antes. Para mantener la popularidad de las masas en sociedades cambiantes, con una clase media creciente y una transformación estructural del trabajo, los partidos políticos empezaron a virar hacia el centro político y a limar sus diferencias ideológicas. El paso a las sociedades posindustriales fracturó la estructura de clases y ofuscó más que antes la tradicional división entre la izquierda y la derecha para la identificación política. Al mismo tiempo, los medios de comunicación se transformaron en muchos países y pasaron de seguir una orientación política y nacional a ser un negocio mercantilista cuyas antiguas bases ideológicas fueron sustituidas por la atracción y el entretenimiento. El papel de la prensa partidista empezó a declinar, y la televisión la sustituyó como el foro más destacado de la esfera pública política, creando un tipo completamente nuevo de político mediático.

En la democracia de audiencia, los partidos políticos dan cabida a los políticos individuales y a sus apariciones en los medios de comunicación como características centrales de la política contemporánea. Las personalidades de los medios de comunicación se destacan en política y también como figuras principales de los partidos políticos y de la gobernanza porque son ensalzadas en los canales de noticias. Los políticos sirven como puntos de unión para la identificación política, porque las decisiones individuales se han vuelto primordiales en el compromiso político. La volatilidad de los votantes aumenta, y se muestran más dispuestos que antes a cambiar de candidato. Los resultados electorales son más difíciles de predecir. La creciente individualidad aumenta la pluralidad y el interés de las minorías en la política, pero al mismo tiempo los principales políticos empiezan a distanciarse de la gente corriente y construyen una nueva élite controlada por los medios de comunicación (Manin, 1997, 232).

Como es obvio, las sociedades son diferentes y la teorización de Manin se ajusta mejor a algunos países que a otros. Demuestra la evolución de las democracias occidentales y se ajusta especialmente a las democracias multipartidistas del norte y el centro de Europa, donde un estado de bienestar robusto, los movimientos socialdemócratas hegemónicos, las radiotelevisiones públicas y la prensa de los partidos políticos se enfrentaron a desafíos radicales a finales del siglo XX y principios del XXI. El modelo no muestra tan bien los cambios, por ejemplo, en las democracias poscomunistas de Europa del Este o en las democracias representativas de América Latina, con largas historias de regímenes autoritarios.

En su análisis seminal, Daniel C. Hallin y Paolo Mancini (2004) llaman «corporativistas democráticos» a los países del centro y el norte de Europa, con un temprano derecho al voto y una larga historia de democracia combinada con una fuerte tendencia a la adopción consensuada de decisiones por parte de varias corporaciones que representan los intereses de diferentes grupos sociales. El entorno mediático en los países corporativistas democráticos ha sido igual de contradictorio, porque ha conjugado mercados de medios de comunicación altamente autónomos y profesionales con una fuerte tradición de radiotelevisiones públicas (Stromback *et al.,* 2008; Syvertsen *et al.,* 2014). Otros modelos de clasificación en Hallin y Mancini representan el «modelo liberal o del Atlántico Norte», que aparece en su forma más pura en Estados Unidos, y el «modelo pluralista polarizado o mediterráneo», común en las democracias del sur de Europa. En el modelo liberal, la tradición democrática es tan larga como en los países corporativistas democráticos, pero la representación y las organizaciones políticas tienen un énfasis individualista y mercantilista que también se promueve en los sistemas mediáticos. En los países pluralistas polarizados, la tradición democrática es más joven, y el Estado interviene con regularidad en la economía y los medios de comunicación para garantizar su organización pluralista.

Los modelos de Hallin y Mancini (2004) representan tipos ideales como sistemas y no de países concretos, pero en general vinculan el modelo corporativista democrático a los países nórdicos y del Benelux, Alemania, Austria y Suiza; el modelo liberal, a Estados Unidos, Reino Unido, Irlanda y Canadá; y el modelo pluralista polarizado, a Francia, España, Portugal, Italia y Grecia. Estos tres modelos de sistemas políticos y mediáticos son principalmente representativos de las democracias liberales occidentales tradicionales. Más recientemente, Hallin y Mancini (2012) han editado un volumen en el que abordan una comparación similar de sistemas, «más allá del mundo occidental», que abarca varios países. Sin embargo, la trisección original también se aplica en estos análisis. Por ejemplo, en los países poscomunistas de Europa del Este se ha hecho hincapié en las características pluralistas polarizadas del modelo, aunque aparecen diferencias específicas en cada país y diversas combinaciones de modelos.

Hallin y Mancini (2004, 251) concluyeron su original análisis afirmando que los sistemas mediáticos europeos cambiaron drásticamente a finales del siglo XX. Durante este período, las diferencias entre los modelos menguaron, y muchos países viraron hacia el modelo liberal de corte estadounidense; a saber, una radiotelevisión pública más débil, medios de comunicación comerciales más fuertes y una orientación mercantilista generalizada en los entornos mediáticos. Lo mismo sucede, al parecer, en los países nórdicos, cuyos sistemas mediáticos pensábamos que conservaban con más empeño el ideal público (véase Skogerbø *et al.,* 2021). En los países autoritarios, el control político sobre los medios de comunicación afecta a la producción de noticias e información, aunque el entretenimiento se ha comercializado en gran medida.

Al mismo tiempo que se han producido transformaciones en las democracias de audiencia y en los entornos mediáticos mercantilistas, han empezado a aparecer nuevos movimientos populistas en muchas democracias europeas. Esto confirma la idea de que la crisis de la democracia de partidos y la difusión de la democracia de audiencia tienen que ver con el éxito de los movimientos populistas. La imagen de la política como un mero juego o espectáculo sugerida por la publicidad sensacionalista de los medios de comunicación significa que el dominio de las élites mediáticas está ligado a las articulaciones populistas entre los medios y la élite política. De forma simultánea, los medios de comunicación crean un foro útil para las provocaciones y las confrontaciones populistas a través del cual pueden airearse los antagonismos y las identificaciones populistas. Los medios informativos liberales se enfrentan al desafío del populismo de derechas y nativista, porque sus valores básicos son opuestos. Sin embargo, estos medios informativos tienen que informar sobre los actores populistas como parte de la política, y el populismo también interesa a sus audiencias, y eso supone aumentar sus beneficios (Herkman, 2016).

Las redes sociales del siglo XXI han complicado aún más la situación. Henry Jenkins (2008) ha empleado el término «cultura de la convergencia» para describir un entorno donde los viejos y los nuevos medios de comunicación chocan entre sí de muchas e impredecibles maneras. En una cultura de la convergencia, la producción y el consumo de los medios de comunicación encuentran nuevas formas gracias a la digitalización y al aumento del trabajo en red. Las corporaciones mediáticas tradicionales intentan adaptarse a la situación en la que el consumo de redes y el tiempo de los usuarios consiste en compartir contenidos «gratuitos» y comunicarse en las plataformas de las redes sociales. Los medios de comunicación tradicionales compiten con empresas gigantes de plataformas y aplicaciones como Google, YouTube, Apple, Facebook, Instagram y Twitter, que dominan los mercados publicitarios de los medios de comunicación actuales.

La lógica de las redes sociales difiere de la de los medios de comunicación de masas tradicionales y de los informativos (Van Dijck y Poell, 2013). Las redes sociales permiten una interactividad mucho más concreta que los medios de comunicación de masas tradicionales, y por eso internet 2.0 despertó grandes expectativas de democracia electrónica, nuevas comunidades y transparencia, asociadas a ideas de democracias directas y contrademocracias. Jenkins (2008), por ejemplo, ha vinculado sus ideas sobre las redes sociales y la cultura de la convergencia a sus estudios previos sobre las culturas fan, donde ve un gran potencial emancipador y político. Jenkins escribe sobre la «inteligencia colectiva» y la «cultura participativa» en actividades digitalizadas y en redes. Wikipedia es un ejemplo con frecuencia mencionado de esta clase de actividades. Sin embargo, recientemente los algoritmos de las redes sociales han sido criticados por crear «burbujas de filtros» que van de la mano de la difusión intencionada de desinformar, el aumento de los discursos de odio, el *trolling* y la propaganda o las campañas políticas microdirigidas –guerra de la información incluida–, y convierten la batalla por los significados politizados en las plataformas de las redes sociales en un proceso muy complejo.

Los actores políticos suelen estar a la vanguardia en la aplicación de los nuevos medios de comunicación. Por ello, las elecciones presidenciales de Estados Unidos del siglo XXI se han llamado «elecciones de blog, Facebook y Twitter», por este orden, porque estas plataformas fueron utilizadas en las campañas a medida que se hacían más populares entre sus usuarios. Barack Obama destacó especialmente por su exitoso uso de YouTube y Facebook en sus campañas (Jenkins, 2008), y Donald Trump se ha hecho famoso por marcar la agenda informativa con sus tuits durante sus campañas y su presidencia. En la cultura de la convergencia, los «viejos» y los «nuevos» medios están intrínsecamente ligados entre sí, y los temas de los medios informativos se difunden y se comentan en las redes sociales y viceversa. Andrew Chadwick (2013) denomina «sistema mediático híbrido» a este tipo de entorno mediático en el que los contenidos políticos circulan entre diferentes plataformas tradicionales y de redes sociales en ciclos intensivos.

La cultura de la convergencia crea nuevas fronteras en la comunicación política. La política de partidos sigue dependiendo sobremanera de los medios tradicionales, pero un número cada vez mayor de personas vive en el mundo de la cultura de la convergencia, donde la política de vida y el activismo civil son formas más populares de actuación que la política institucional de partidos. La cultura de la convergencia impuesta por las redes sociales y la contrademocracia van de la mano. También existe una clara división generacional. Aunque las redes sociales tienen todo tipo de usuarios, las generaciones de más edad consumen más los medios tradicionales, mientras que las más jóvenes pasan más tiempo en los medios *online* y en las plataformas de las redes sociales. Esto es un reto para la política de partidos, que sigue anclada en las estructuras tradicionales de los sistemas políticos y mediáticos.

Por lo tanto, no es casual que muchos movimientos llamados populistas hayan gozado de mayor popularidad y se hayan movilizado con la ayuda de las redes sociales. El éxito de la campaña del Brexit se explicó en parte por el uso de las redes sociales en 2016, y ese mismo año la victoria de Donald Trump se relacionó, en particular, con las comunidades de Facebook y sus tuits, que circularon en los medios informativos del mundo entero (véase Groshek y Koc-Michalska, 2017). Algunos investigadores han argumentado que especialmente los actores populistas de derechas pueden beneficiarse de las redes sociales porque las usan para sortear las críticas de los medios informativos, y así fortalecen poderosamente sus identificaciones políticas (Kramer, 2017). Está claro que, en sus diversas formas, los medios de comunicación se entrelazan en las identificaciones populistas y tienen un papel inherente en el ascenso y el éxito de los movimientos populistas.

La mediatización de la política

Los investigadores empezaron a hablar de la mediatización de la política en los años 1990, cuando quedó claro que los medios de comunicación tenían una gran importancia para las campañas políticas, la agenda y la opinión públicas (por ejemplo, Mazzoleni y Schulz, 1999). La teoría de la mediatización refleja la democracia de audiencia desde la perspectiva de las relaciones entre los medios de comunicación y la política. Algunos investigadores también analizan la mediatización como un fenómeno más amplio que penetra el conjunto de la cultura, las sociedades y el modo de vida occidentales (por ejemplo, Krotz, 2007; Hjarvard, 2013; Couldry y Hepp, 2017). Friedrich Krotz (2007) considera la mediatización como un metaproceso histórico que recuerda a la globalización, la individualización y la comercialización. Sin embargo, en lo que respecta a la política, la mediatización se define de forma más restringida como el aumento del impacto de los medios de comunicación en las instituciones y las acciones políticas (véase Esser y Stromback, 2014).

En inglés, se ha separado la mediatización de la mediación, que es un término más antiguo que representa la interconectividad de los sujetos (Williams, 1988). La comunicación mediada alude a formas indirectas de comunicación en antropología y otras ciencias sociales que indican que algo se ha convertido en un mediador en la interacción social (véase Sumiala, 2013). Por lo tanto, la mediatización (o medialización) se emplea como un término más centrado para describir el particular impacto de los medios de comunicación como institución y tecnología de la comunicación en diversos campos de la actividad humana, como la política, la cultura o el deporte (véanse Thompson, 1995; Couldry y Hepp, 2017). La mediatización también se ha vinculado a otras narrativas de cambios, como la profesionalización y la americanización de la comunicación política, porque el creciente impacto de los medios de comunicación exige habilidades especiales relacionadas con las instituciones mediáticas, y la comunicación política se ha profesionalizado cada vez más siguiendo el modelo estadounidense (véanse Negrine *et al.*, 2007; Stanyer, 2007). La propagación del populismo en el siglo XXI también ha estado intrínsecamente ligada a la mediatización de la política (véase Mazzoleni, 2014).

Sin embargo, no hay consenso entre los especialistas sobre las formas y la profundidad de la mediatización política. Algunos han afirmado que la política contemporánea está totalmente colonizada por los medios de comunicación (por ejemplo, Meyer, 2002), mientras que otros no reconocen un impacto tan preponderante. Jesper Stromback (2008) ha clasificado la mediatización de la política en cuatro fases para estructurar mejor el proceso. Según Stromback, en la primera fase, los medios de comunicación son la plataforma más importante para la información política. En la segunda fase, los medios de comunicación empiezan a funcionar como una institución separada e independiente de las instituciones políticas. En la tercera fase, la lógica particular de los medios de comunicación comienza a guiar su funcionamiento y su contenido, y en la última fase, las instituciones políticas empiezan a seguir esta lógica de los medios. Sin embargo, los especialistas nos recuerdan que la mediatización de la política no es un proceso lineal, sino que se manifiesta de forma diferente según el contexto. La relación entre los medios de comunicación y la política también es mutua, por lo que la política y sus instituciones influyen igualmente en los medios de comunicación (Couldry, 2008; Esser y Stromback, 2014). En algunas democracias liberales que ponen el acento en la transparencia social, la investigación empírica ha demostrado, paradójicamente, que el propio núcleo de la adopción de decisiones políticas tiende a ocultarse en lugar de seguir la lógica de los medios de comunicación en entornos muy mediatizados (por ejemplo, Vesa, 2016).

Las cuatro fases de la mediatización son relevantes sobre todo en las democracias liberales occidentales. En los sistemas más autoritarios, los gobernantes controlan los medios de comunicación y la mediatización es menos profunda, si bien los líderes autoritarios también se benefician de los medios a través de su comunicación estratégica. No obstante, el calado de la mediatización de la política en las democracias occidentales también es objeto de debate. En la mediatización de la política son esenciales dos lógicas diferentes y su relación, a saber: la lógica mediática y la lógica política (véase la Tabla 4.1). En la lógica política, la política y sus aplicaciones prácticas son esenciales, y la lógica mediática obedece a criterios y convenciones periodísticos, intereses comerciales y tecnología de los medios y la comunicación (Esser y Stromback, 2014). A veces, estas lógicas se enfrentan entre sí porque la lógica mediática con intereses comerciales y de denuncia no coincide necesariamente con la lógica política orientada a la popularidad entre los votantes o a las decisiones políticas y de gobierno. Por lo tanto, la mediatización de la política siempre dependerá del contexto.

Tabla 4.1 Lógicas políticas y mediáticas

	Marco	*Objetivo*	*Operación*
Política	El marco institucional y formal de la política	Política y producción de la política basada en las decisiones	Política de presentación para lograr poder y publicidad
Medios informativos	Instituciones periodísticas y mercados mediáticos, tecnología	Comunicaciones, beneficio comercial, control de poder	Producción de noticias acorde con las normas y criterios periodísticos

Fuente: Modificada de Esser y Strömbäck (2014, 15-19).

La relación entre el populismo y los medios de comunicación es contradictoria (véase Moffitt, 2016): por una parte, el populismo se beneficia del interés mediático y, por otra, ese interés con frecuencia es crítico en las democracias liberales porque los valores que promueven el periodismo liberal y, especialmente, los populistas de derechas son polémicos (Herkman, 2016; Wettstein *et al.,* 2018). Cabe incluso preguntarse hasta qué punto los movimientos populistas de derecha radical han tenido éxito en muchas democracias occidentales, teniendo en cuenta la crítica desplegada en los principales medios periodísticos. Sin embargo, está claro que los actores populistas no utilizan medios periodísticos en sus campañas políticas de la misma manera que los partidos tradicionales: mientras que los segundos intentan adaptar la lógica de los medios y aplicarla a su comunicación política, los actores populistas de la derecha radical recalcan su antagonismo con los medios como parte de la identificación populista. En la articulación populista de derechas, los medios periodísticos están vinculados a otras élites sociales como un bloque de poder hegemónico de un «ellos» distinto de un «nosotros», «el pueblo», cuyas opiniones no tienen en cuenta, sino que las ignoran.

También es posible afirmar que el populismo pone de manifiesto los problemas de la teoría de la mediatización. En primer lugar, la mediatización de la política está anclada en el periodismo y en la época dorada de los medios de comunicación de masas. El concepto de lógica mediática que se deriva especialmente de los medios de comunicación de masas es esencial en la mediatización de la política. Sin embargo, aunque la política de partidos actual es en muchos países altamente dependiente de los medios de comunicación periodísticos, es evidente que la transformación del entorno mediático hacia la cultura de la convergencia (Jenkins, 2008) o un sistema mediático híbrido (Chadwick, 2013) también ha cambiado la comunicación política de múltiples maneras. En el entorno mediático contemporáneo, la construcción de comunidad se promueve a menudo a través de las redes digitales, y la importancia de los medios informativos como controladores de la agenda de los debates públicos se ha reducido. Incluso se puede argumentar que el poder de los medios periodísticos y su lógica también han disminuido recientemente. La evolución del entorno de los medios de comunicación ha tenido un significado específico para el populismo, porque las identificaciones populistas ahora pueden promoverse en las redes sociales sin el control o el apoyo de los medios informativos.

En segundo lugar, la teoría de la mediatización de la política se ha centrado en las democracias liberales occidentales con una sólida tradición de política de partidos y medios periodísticos liberales. Sin embargo, los actores populistas han triunfado en países con formas de democracia o sistemas mediáticos notablemente diferentes en Europa del Este, América Latina y Asia (cf. Hallin y Mancini, 2012). En muchos de estos países, el papel y las condiciones de los medios informativos difieren mucho de los de las democracias liberales occidentales, y pueden incluso estar totalmente controlados por regímenes autoritarios.

En ambos contextos, las redes sociales pueden servir de foro para las voces disidentes antihegemónicas, pero funcionan de forma completamente opuesta en los países autoritarios, como foro para la oposición liberal progresista, que en las democracias liberales, donde sirven de plataforma a las voces conservadoras y nativistas que cuestionan la hegemonía liberal (Herkman y Matikainen, 2016).

El populismo mediático

Algunos investigadores sostienen que los propios medios comerciales suelen ser populistas, y lo llaman «populismo mediático» (Kramer, 2014, 42; Mazzoleni, 2014, 47-48). El populismo mediático alude, en primer lugar, al interés comercial de los medios de comunicación por vender sus contenidos a las audiencias y a los anunciantes, lo que conduce a métodos populistas; en concreto, a la dramatización con fuertes antagonismos, a poner de manifiesto las experiencias individuales en vez de las estructuras sociales o los hechos objetivos, a adoptar el punto de vista del pueblo y a atacar a la élite. Los medios de comunicación también están deseosos de apelar a la moral y despertar emociones, porque los titulares sensacionalistas, los escándalos y el periodismo de «clics» despiertan el interés del público y se ajustan bien a los objetivos comerciales de los medios.

Etimológicamente, las palabras «popular» y «populismo» derivan de la palabra latina *populus,* que significa 'pueblo' (véanse Kramer, 2014, 51; Williams, 1988, 237-238). Como tal, la lógica populista recuerda bastante a la lógica comercial de los medios populares. La identificación populista se basa en fuertes antagonismos y en un estilo provocador del que los medios de comunicación pueden extraer material de interés para las audiencias y los anunciantes. El populismo crea un dramatismo político que los medios informativos demandan. No es ningún secreto que Donald Trump fuera un golpe de suerte económico para los medios informativos estadounidenses, que llevaban varias décadas sufriendo la contracción del negocio: las provocaciones y las reacciones de Trump aumentaron considerablemente su audiencia y el interés de los anunciantes (Borchers, 2016). Además, el ideal de un periodismo de denuncia asociado al periodismo liberal también encaja con el populismo mediático, puesto que conlleva un trasfondo crítico con las élites que recuerda al populismo (Esser *et al.,* 2017).

Otra dimensión del populismo mediático podría ser, pues, que el periodismo adopte las agendas y las perspectivas de los actores populistas. Esto se ha vinculado en particular a los llamados «medios de comunicación sensacionalistas», que tienden a identificarse como populares y antielitistas (por ejemplo, Fiske, 1992). Hay estudios que sostienen esta afirmación; por ejemplo, en Finlandia y Noruega, la prensa sensacionalista parece simpatizar más que los medios de comunicación tradicionales con los actores populistas de la derecha radical nacional (Herkman, 2017b), y el Partido de la Libertad de Austria (FPÖ) obtuvo un notable apoyo de los medios sensacionalistas nacionales durante la década de 2000 (Plasser y Ultram, 2003; Wodak, 2013). Una reciente comparación en diez países europeos descubrió que, en general, los medios de comunicación evaluaban negativamente a los actores populistas, pero se presentaban con frecuencia bien como defensores del pueblo o como críticos con los políticos y los partidos institucionalizados. Esto era especialmente cierto entre los medios sensacionalistas que representaban en gran medida esta clase de actitud populista mediática (Wettstein *et al.,* 2018). Sin embargo, no todos los estudios apoyan la diferencia entre los tabloides y los medios tradicionales (por ejemplo, Akkerman, 2011; Bos *et al.,* 2011). Gianpietro Mazzoleni (2014, 51) nos recuerda que existen diferencias significativas entre países y contextos políticos. Aunque los tabloides parecen simpatizar más con los actores populistas en el contexto angloamericano, los nativistas Demócratas de Suecia, por ejemplo, han sido evaluados muy negativamente en los tabloides suecos, porque un cordón sanitario ha excluido al partido de la elaboración de la agenda política común en Suecia (Rydgren, 2010; Herkman, 2017b; Wettstein *et al.,* 2018).

Por lo tanto, la relación entre los medios periodísticos y el populismo en las democracias occidentales es doble. Por una parte, los medios pueden beneficiarse del contenido dramático que el populismo crea para ser utilizado en los canales de noticias políticas, al tiempo que dan visibilidad a los actores populistas y sus agendas. Por otra parte, el periodismo liberal se enfrenta al populismo, que promueve visiones contradictorias sobre sus valores básicos de igualdad y derechos de las minorías. Como el populismo de derechas en especial se apoya en el gobierno exclusivo de la mayoría, el periodismo liberal es crítico con los actores de la derecha radical y sus planteamientos (véase Wettstein *et al.,* 2018).

Sin embargo, la colisión entre el populismo y los medios de comunicación liberales no merma necesariamente su popularidad. Por el contrario, como se ha analizado previamente, el drama político desplegado por los actores populistas es interesante y bueno para el negocio de los medios, y los actores populistas pueden vincular a los medios informativos con su enemigo último, la élite social corrupta, como parte de sus identificaciones populistas. De hecho, la crítica en los medios puede incluso aumentar la popularidad de un movimiento populista, puesto que acelera afectivamente la identificación grupal de sus seguidores, especialmente en la fase inicial de movilización del movimiento. Los líderes de los movimientos populistas con frecuencia se hacen los desvalidos de los medios periodísticos, despertando la ira contra esos medios y empatía hacia la «víctima» entre sus seguidores (Mazzoleni *et al.,* 2003). Los actores populistas también pueden desviar la agenda informativa hacia temas que son importantes para ellos, como la inmigración, la delincuencia y la corrupción de las élites, y presentarse a sí mismos como expertos en estos temas y no como puros contrincantes políticos (Walgrave y De Swert, 2004).

Algunos investigadores sostienen que los actores populistas explotan de manera intencionada la sensibilidad de los medios de comunicación liberales en su comunicación estratégica al provocar deliberadamente contenidos «sensacionalistas» en los medios (por ejemplo, Stewart *et al.,* 2003;

Mazzoleni, 2014; Wodak, 2015). El exmultimillonario de la telerrealidad Donald Trump alimentó continuamente el flujo de noticias antes y durante su presidencia a través de sus tuits, y el Partido de la Libertad de Austria (FPÖ) logró controlar la atención mediática estratégicamente con diversos escándalos públicos durante la década de 2000 (Wodak, 2013). La analista crítica del discurso Ruth Wodak (2015) lo ha llamado el «*perpetuum mobile* populista de derechas»: la circulación de agendas populistas en el debate público a través de provocaciones intencionadas. Esta estrategia de comunicación sitúa a los medios informativos liberales en una posición incómoda, porque deberían informar a los ciudadanos sobre cuestiones políticas interesantes e importantes y dar voz a diferentes perspectivas políticas. Pero, al mismo tiempo, sus ideales fomentan la defensa de los valores fundamentales de la democracia liberal frente a los ataques violentos de los actores de la derecha radical.

Quizás lo más sobresaliente sea la tensión entre el populismo político y el mediático en escándalos políticos en los que se han visto implicados actores populistas. Especialmente, los populistas de derechas han protagonizado varios escándalos públicos en democracias liberales, porque atacan y menosprecian abiertamente a diversas minorías, inmigrantes, el multiculturalismo y el islam. El antiguo líder del Partido de la Libertad de Austria (FPÖ), Jürg Haider (1950-2008), por ejemplo, se vio envuelto en varios escándalos públicos por sus provocaciones antisemitas a principios del siglo XXI, y el líder del Partido por la Libertad holandés (PVV), Geert Wilders, provocó un escándalo internacional en 2007 al comparar el Corán con *Mein Kampf* de Adolf Hitler. Ese mismo año, una de las figuras más destacadas del Partido Popular

Danés (DF), Morten Messerschmidt, provocó un escándalo porque, según alegaron, había hecho el saludo nazi y entonado canciones nazis en el Tivoli de Copenhague. Messerschmidt ganó el juicio por el escándalo en 2009. Sin embargo, en casi todas las democracias occidentales se han producido escándalos públicos de este tenor con conocidos actores populistas de derechas durante todo el siglo XXI (véase Herkman y Matikainen, 2019).

El sociólogo británico John B. Thompson (2000, 120-123) ha encontrado tres tipos principales de escándalos políticos: escándalos sexuales, económicos y de poder. Sin embargo, la clasificación de Thompson no cubre todos los escándalos vinculados a políticos populistas contemporáneos, porque los escándalos políticos tradicionales están conectados con las élites políticas de las que los populistas se distancian. De hecho, los escándalos políticos tradicionales se utilizan en las identificaciones populistas como herramienta para el antagonismo porque, según los populistas, demuestran la supuesta corrupción de la élite política. Sin embargo, Sigurd Allern y Ester Pollack (2016, 157), especialistas en los medios de comunicación nórdicos, han demostrado en sus estudios que los escándalos derivados del comportamiento o el discurso inapropiado de los políticos han aumentado en estos países durante el siglo XXI. La mayoría de estos escándalos se explican por el creciente apoyo a los actores populistas de derechas y las sensaciones asociadas a ellos en la región nórdica (Herkman, 2018).

Los escándalos relacionados con actores populistas de derechas suelen empezar por sus declaraciones insultantes contra inmigrantes u otras minorías, por lo general, en los foros de las redes sociales. En algunos casos, coquetean con actores de extrema derecha más radicales o incluso simpatizan con el nazismo. A veces los comentaristas van embriagados o tienen la lengua suelta, pero habitualmente los comentarios se hacen a propósito para audiencias restringidas desde las que se difunden o se filtran a otros foros. Los medios informativos liberales empiezan a difundir y criticar la norma-transgresión principalmente en la esfera pública, pero el actor populista acusado de insultar y transgredir normas generalmente lo niega y se hace la víctima de una caza de brujas mediática. Lo típico es que sus partidarios movilicen una contracampaña en las redes sociales para defender al acusado y culpar a los medios de comunicación. En función del caso, el escándalo termina en una sanción jurídica o política, pero esto no afecta a la popularidad del actor populista, cuyos partidarios piensan que quienes lo juzgan representan a una élite corrupta. Por el contrario, el escándalo puede incluso reforzar la identificación populista de los seguidores (Herkman, 2018).

Según un análisis comparativo de la comunicación populista, los movimientos populistas de derechas tienen que lograr el equilibrio entre las voces radicales y las más moderadas en los debates públicos después de haber obtenido buenos resultados en las elecciones (Hatakka *et al.,* 2017). Por una parte, tienen que seguir atrayendo a sus seguidores radicales haciendo uso de una fuerte retórica de confrontación contra los políticos liberales, los medios de comunicación y los inmigrantes y, por otra, tienen que demostrar a sus votantes menos radicales que saben mantener el tipo en las instituciones políticas. La retórica radical es más común en las redes sociales y la promueven miembros particulares de los partidos, pero las figuras principales del partido suelen mostrarse más moderadas de cara a la publicidad convencional. Sin embargo, hay excepciones como Donald Trump y Jair Bolsonaro, que siguieron haciendo declaraciones radicales y escandalosas después de haber sido elegidos presidentes. Tanto la retórica radical como la moderada se utilizan también en los comentarios de los medios informativos, en los que los partidos responden a las acusaciones de racismo, por ejemplo. Los partidos populistas radicales suelen utilizar la estrategia del «doble discurso»: por una parte, se dirigen con moderación al gran público en los medios generalistas y, por otra, se dirigen al núcleo de su comunidad con discursos duros entre bastidores (Mudde, 2000, 168-169). Por supuesto, si los comentarios entre bastidores se filtran a los medios generalistas, el escándalo público está servido.

El modelo del ciclo de vida

La relación entre el populismo y los medios de comunicación depende de la cultura política, el sistema mediático y el estatus de los actores políticos populistas en contextos particulares. En la política latinoamericana, el populismo ha sido un elemento estructural de muchos sistemas políticos (véase Salojärvi, 2016), pero en las democracias occidentales los movimientos populistas con frecuencia han sido considerados excepciones momentáneas (por ejemplo, Wiles, 1969; Taggart, 2000). También en los medios de comunicación liberales occidentales, los estilos populistas se han considerado como una especie de caso especial entre los discursos políticos, pero en algunos países sudamericanos los estilos populistas han sido una forma de comunicación política públicamente aceptada (por ejemplo, Hennessy, 1969; Levitsky y Loxton, 2012).

Gianpietro Mazzoleni *et al.* (2003) estudiaron la relación de los medios y el populismo en varios países europeos a principios de la década de 2000. Concluyeron su estudio comparativo con un modelo de ciclo vital que muestra la correlación entre la atención de los medios y el desarrollo de nuevos movimientos populistas (Tabla 4.2). A pesar de algunas diferencias contextuales, encontraron cuatro fases principales en la relación de los medios de comunicación con todos los movimientos neopopulistas: la fase de «asentamiento», la «insurgente», la «establecida» y la de «declive» (Stewart *et al.*, 2003, 219-224; también Mazzoleni, 2008, 59-62).

Tabla 4.2 El ciclo de vida de un movimiento neopopulista

Fase de vida	Momento del ciclo de vida	Atención mediática	Medios sensacionalistas	Medios elitistas
Fase de asentamiento	Antes de la ruptura del movimiento	Los medios crean una atmósfera antipolítica	Críticos con la política	Críticos con la política
Fase insurgente	Un avance del movimiento	Elevada	Respetuosos con el movimiento	Críticos con el movimiento
Fase establecida	Establecimiento del movimiento	Disminuye, se normaliza	Se vuelven críticos con el movimiento	Noticias neutrales sobre el movimiento
Fase de declive	El movimiento se esfuma	Menor o inexistente	Dejan de hablar del movimiento	Dejan de hablar del movimiento

Fuente: Stewart *et al.* (2003, 219-224).

La división entre los dos tipos principales de medios de comunicación –a saber, los medios «elitistas» y los «sensacionalistas»– es esencial para el modelo del ciclo de vida, y sugiere que los primeros son más convencionales y apoyan el *statu quo* político de los partidos tradicionales, mientras que los segundos se basan en el sensacionalismo, el escándalo y las ansiedades sociales y morales para atraer al público de masas.

La fase de asentamiento se caracteriza por el descontento social y político de un país, que los medios de comunicación suelen aprovechar para sembrar un clima político que engendra un discurso y un sentimiento populista, por ejemplo, trivializando y personalizando las cuestiones políticas. Según el modelo del ciclo de vida, no hay diferencias significativas entre los tipos de medios de comunicación durante la fase de asentamiento, puesto que ambos «contribuyen a la difusión del discurso populista» (Stewart *et al.,* 2003, 219-220).

La fase insurgente se caracteriza por un intenso interés de los medios de comunicación en los movimientos populistas porque los mensajes, las apariciones públicas y la retórica que promueven nutren la lógica periodística y comercial de los medios. En general, los medios sensacionalistas promueven un discurso más populista, mientras que los elitistas aplican una distancia crítica (*ibíd.* 221-222). Sin embargo, los medios elitistas «suavizan» sus políticas si corren el peligro de perder parte de su audiencia. Tanto la fase de asentamiento como la insurgente transcurren durante el crecimiento inicial de los movimientos populistas. En la fase establecida, el movimiento populista logra cierta legitimidad y estatus como actor político nacional, pero su cuota de atención en los medios suele reducirse. Como afirma Mazzoleni (2008,

61), se trata de una fase crítica para los movimientos populistas, que tienden a desencantarse, especialmente con los medios de comunicación sensacionalistas, después de lograr legitimación pública en el terreno político. Sin embargo, los medios de comunicación de la élite se verán con frecuencia obligados a informar y debatir sobre cuestiones populistas porque tienen que tomarse en serio a estos movimientos una vez que se han establecido. No obstante, si el movimiento populista desafía verdaderamente el *statu quo* político y el orden social, la mayoría de los medios de comunicación, especialmente los elitistas, procurarán reforzar el apoyo a los partidos políticos gobernantes a través de una cobertura hostil de los populistas (Stewart *et al.*, 2003, 222-223).

La fase de declive se refiere al desvanecimiento del movimiento populista en los medios de comunicación, aunque no todos los movimientos se enfrentan a esta fase y podrían lograr un nuevo éxito. La atención de los medios de comunicación varía de un país a otro en función del interés periodístico que genera la desaparición del movimiento o de si, por ejemplo, un nuevo movimiento populista nace de las cenizas de otro anterior (*ibid.* 223-224). Sin embargo, Mazzoleni (2008, 61-62) ha señalado que esta fase no es relevante para muchos movimientos populistas europeos porque «siguen teniendo un éxito considerable y continúan recibiendo una atención mediática significativa». El contexto del siglo XXI parece abonar el terreno para el florecimiento de movimientos populistas de derechas que han creado en Europa un nuevo tipo de partido relativamente establecido y duradero (Zaslove, 2008).

En general, los medios de comunicación prestan una atención significativa a los actores populistas como parte de las noticias políticas, pero esta atención es más bien negativa, al menos en lo que atañe a los planteamientos populistas de derechas cuya agenda se opone frontalmente a los valores básicos del periodismo liberal (Herkman, 2016; Wettstein *et al.*, 2018). Por lo tanto, otras teorías de normalización pueden describir menos la integración de los partidos populistas que el modelo del ciclo de vida (véanse Adams *et al.*, 2004; Horowitz y Browne, 2004). El desarrollo de estos partidos puede discutirse, por ejemplo, con ayuda de la descripción clásica que Giovanni Sartori (2005 [1976]) hace de la transformación del «partido antisistema» hacia el «partido prosistema», de la que los Demócratas de Suecia (SD) son un ejemplo típico: el SD fue fundado por neonazis en 1988, pero especialmente el líder actual del partido, Jimmie Åkesson (2005-), lo ha transformado construyendo una organización de partido a nivel nacional y distanciándolo de su pasado con el objetivo de hacerlo más atractivo para los electores y con potencial para gobernar (Herkman y Jungar, 2021). Del mismo modo, James Shields (2014) ha analizado cómo el partido de derecha radical francés Frente Nacional (Agrupación Nacional desde 2018) ha intentado sistemáticamente normalizarse como un partido de gobierno legítimo durante el liderazgo de Marine Le Pen, y en numerosos países europeos se ha seguido un proceso similar.

Sin embargo, como sostiene Shields (2014, 499), el problema que encontramos en esta clase de perspectiva es que los partidos suelen incluir elementos contradictorios, lo que implica que pueden llegar a normalizarse en un sistema de partidos gracias a algunos de esos elementos, pero sin dejar de ser «radicales» en otros. Tjitske Akkerman (2016) y sus colegas, por ejemplo, demostraron en un análisis comparativo a gran escala que los partidos de la derecha radical europea no se han «suavizado», sino que siguen siendo radicales en sus planteamientos sobre la inmigración y el nacionalismo, aunque hayan conseguido una posición consolidada en sus sistemas de partidos nacionales y a nivel europeo.

Una dimensión de la normalización de los partidos populistas de derecha radical es su posible influencia en otros partidos o incluso en el discurso político general. Así, estos partidos podrían normalizarse en el terreno político mediante una transformación que se produce no tanto en el seno del partido como en el entorno político. Céline Leconte (2015), por ejemplo, ha demostrado cómo el euroescepticismo –promovido en un primer momento principalmente por partidos populistas periféricos– se ha convertido en un fenómeno generalizado y duradero en varias democracias europeas, y Giorel Curran (2004) ha indicado igualmente que los partidos populistas de derechas en Italia y Australia lograron inocular sus temas «populistas» y sus «prejuicios» a propósito del liderazgo y la crítica a la inmigración en el discurso político imperante a principios de la década de 2000. En Dinamarca, los partidos políticos han adoptado una actitud más bien positiva hacia los temas nacionalistas y nativistas que primero solo promovía el Partido Popular Danés en la década de 2000 (Herkman y Jungar, 2021).

Es evidente que el papel de los medios de comunicación ha sido esencial en estos procesos. Matt Guardino y Dean Snyder (2012) sostienen que los medios informativos corporativos desempeñaron un papel fundamental en la normalización del discurso populista de derechas representado por el Tea Party tras la crisis financiera y la recesión económica de 2008 en Estados Unidos. Según su análisis, tanto las cadenas de televisión conservadoras (FOX) como las liberales (CNN) enmarcaron el movimiento positivamente. Más recientemente, esta situación ha cambiado con respecto a Donald Trump, pero se puede afirmar que la normalización del discurso del Tea Party pudo haber allanado el camino para el triunfo de Trump en las elecciones presidenciales de 2016, y que a partir de ese momento se promovió especialmente en las plataformas de las redes sociales y se acompañó de un creciente enfrentamiento entre los medios de comunicación conservadores y los liberales. Trump incluso ha repetido los mismos eslóganes conocidos del Tea Party.

A pesar de ciertos problemas con el modelo del ciclo de vida, esto sirve para un enfoque interesante de las relaciones entre los medios de comunicación y el populismo, y muestra con bastante acierto las primeras fases de la evolución de los movimientos populistas. Está claro que hay diferencias significativas entre países, pero varios estudios han indicado una correlación entre la atención mediática y el creciente éxito de estos movimientos (por ejemplo, Boomgaarden y Vliegenthart, 2007; Bos *et al.*, 2011; Roodjuin, 2014; Herkman, 2017b). Sin embargo, el principal problema del modelo del ciclo de vida es que se basa en un «antiguo sistema mediático» dominado por los medios de comunicación de masas. Desde entonces, el entorno de los medios se ha transformado radicalmente con la digitalización y la creación de redes, lo que también ha modificado considerablemente las relaciones entre el populismo y los medios de comunicación. Las redes sociales, en particular, han transformado las prácticas de comunicación política, y han sido el foro más importante para las identificaciones populistas. Por lo tanto, hoy en día es imposible considerar el populismo o la mediatización de la política sin tener en cuenta el enorme impacto de las redes sociales.

Las redes sociales y el populismo

Las redes sociales han transformado significativamente el entorno de la comunicación política desde el inicio del milenio. Sin embargo, hay visiones contrapuestas sobre su impacto en la política. Por una parte, hay quien cree que las redes sociales han revolucionado por completo la política (por ejemplo, Jenkins, 2008); por otra, varios estudios empíricos han demostrado que en la mayoría de los países occidentales el papel de internet y de las redes sociales en los resultados electorales ha sido relativamente modesto, y que la televisión siguió siendo el principal medio de comunicación durante la década de 2000. No obstante, las investigaciones realizadas a finales de la década de 2010 demuestran la constante consolidación y la creciente importancia de las redes sociales en diversos ámbitos de la comunicación política. Por ejemplo, los resultados de las elecciones presidenciales de 2016 en Estados Unidos y la votación del Brexit en el Reino Unido muestran, según muchos análisis, la gran importancia de las redes sociales en estas campañas (por ejemplo, Groshek y Koc-Michalska, 2017). Además, el aumento de las campañas microdirigidas, los mítines y el *trolling* en las redes sociales han propiciado más recientemente debates públicos sobre el posible impacto de las redes sociales en las democracias en general.

Por una parte, el sistema político mantiene su permanencia, y cambiarlo es un proceso lento: las instituciones y las prácticas políticas, al menos en las democracias estables, no cambian en un instante. Por esta razón, los líderes políticos valoran los medios de comunicación tradicionales como los grandes medios informativos. Estos medios también contribuyen a llegar a la mayor audiencia posible y desempeñan un papel importante como fuente y meta para los contenidos de las redes sociales. En un entorno mediático híbrido, las noticias políticas circulan de los medios tradicionales al entorno *online* y viceversa (Chadwick, 2013, 62-63). Por otra parte, los políticos suelen contarse entre los primeros en adoptar nuevos medios de comunicación porque, en un entorno de comunicación política profesionalizado, se les anima y se les educa para ello. También es importante para los políticos, especialmente en la fase de campaña, llegar a la mayor audiencia posible, y aquí el uso de medios de comunicación novedosos es una excelente extensión de los antiguos foros.

La fuerte conexión de la política de partidos con los medios de comunicación generalistas tradicionales produce una segregación en el terreno político. Aquellos que han crecido en una cultura de convergencia pueden percibir la política institucionalizada como algo ajeno. Para ellos, la familiaridad de las redes sociales, los enfrentamientos encarnizados, la fuerte comunalidad y la búsqueda simultánea de intereses individuales son puntos de partida típicos para la acción política (Jenkins, 2008). Como resultado, un gran número de personas cansadas o desencantadas de la política de partidos dirigen su interés político hacia los canales de las redes sociales. Esto también brinda oportunidades a los movimientos populistas que desafían la hegemonía de los partidos gobernantes a través de las redes sociales y se enfrentan tanto a los políticos en el poder como a los medios periodísticos afirmando que han olvidado la voluntad de la gente común (Bartlett *et al.,* 2011). Por lo tanto, especialmente en las democracias liberales, la importancia de las redes sociales puede ser mucho más pronunciada para los actores populistas que para los partidos gobernantes, al menos en las primeras etapas del ciclo de vida de los movimientos populistas, a medida que van adquiriendo mayor popularidad.

Algunos especialistas han relacionado la comunicación *online* y las redes sociales de forma inherente al populismo, porque los populistas favorecen la conexión directa con el «pueblo» y valoran las oportunidades que la comunicación *online* les ofrece para sus comentarios groseros. La «economía de la atención» de la comunicación *online* encaja muy bien con un estilo populista con atributos como el dramatismo, la confrontación, el moralismo, la franqueza, la ordinariez y el uso de un lenguaje ofensivo (Engesser *et al.,* 2017, 1285-1286). Algunos de estos términos también describen el populismo mediático de los medios sensacionalistas, pero la simplicidad del estilo populista, la apelación a las emociones y la negatividad encajan particularmente bien con internet y los foros de las redes sociales que favorecen la maximización de la atención a través de tales términos (véase la Tabla 4.3). También se puede argumentar que las redes sociales ofrecen un canal excelente para reforzar las identificaciones y las movilizaciones populistas porque en ellas no hay barreras reales para esta clase de actividades, y los algoritmos de las plataformas apoyan verdaderamente estos procesos.

La lógica de las redes sociales se basa en la búsqueda de popularidad y conectividad (Van Dijck y Poell, 2013). Las confrontaciones entre los habitantes nativos y los de otros lugares, sobre todo provocadas por populistas radicales de derechas, se han beneficiado del nuevo entorno mediático, ya que la gente tiene libertad de sobra para expresar opiniones agresivas y hostiles, y construir su propia comunidad de personas afines en internet (por ejemplo, Kramer, 2017). Los algoritmos de las aplicaciones de las redes sociales también pueden reforzar las burbujas de filtros nativistas guiando a los usuarios que consumen contenidos similares.

Sin embargo, construir comunidad no es un proceso completamente inconsistente ni siquiera en las burbujas de las redes sociales. Por ejemplo, los puntos de vista más radicales y moderados pueden chocar con grupos afines, y los defensores de las ideas más extremas creen que los partidos populistas de derechas que se han afianzado en una democracia suelen ser demasiado moderados en sus demandas de políticas de inmigración, por ejemplo (véase Hatakka, 2017). El resultado es el ya mencionado «doble discurso»: se puede emplear un lenguaje más radical en el grupo que en público.

Tabla 4.3 La lógica del populismo y las redes sociales

	Marco para la acción	*El núcleo de la operación*	*Objetivo*
Populismo	Sociedad civil, sistema político	Creación de identidad antagonista, politización	Ganar poder, retar a la hegemonía
Redes sociales	Internet, servicios comunitarios sociales	Comunicación en línea, experiencias afectivas	Conseguir la atención, construir conexiones

Las contradicciones en las comunidades de las redes sociales también ponen de relieve la importancia de los líderes de opinión de la misma manera que en cualquier comunidad comunicativa. Así, quién dice qué también tiene su trascendencia en la comunicación populista y pone de manifiesto la importancia de las figuras principales. Por ejemplo, lanzar acusaciones populistas contra otros actores –políticos, inmigrantes– puede significar incluso que los propios acusadores terminen siendo objeto de críticas si no gozan de gran confianza entre los simpatizantes de estas ideas (véase Hameleers y Schmuck, 2017).

Se han encontrado al menos cinco formas populistas de explotar las redes sociales (véase Engesser *et al.,* 2017): en primer lugar, las redes sociales hacen que sea fácil construir la idea de la soberanía del pueblo. En segundo lugar, cualquiera puede presentarse como portavoz del «pueblo olvidado» en las redes sociales. En tercer lugar, las campañas contra las distintas élites también pueden construirse con pleno éxito en las redes sociales porque es en ellas donde las campañas se abren paso velozmente. En cuarto lugar, y tal vez sea la afirmación más llamativa, las redes sociales permiten las críticas más mordaces y la exclusión de otros grupos de personas. En quinto lugar, es fácil producir cohesión en las redes sociales construyendo la idea que uno tiene del *heartland,* un pasado común compartido y un paraíso perdido. Esto se debe a que, si bien los medios de comunicación tradicionales están imbuidos de la lógica del periodismo profesional y de audiencias relativamente pasivas, las redes sociales, en cambio, se caracterizan por una «lógica de red» que se centra en formar redes de amigos afines (Van Dijck y Poell, 2013; Klinger y Svensson, 2015).

Según un estudio comparativo en las democracias occidentales, de los mencionados usos populistas de las redes sociales, oponerse a la élite en particular y actuar como paladín del pueblo han sido los más comunes (Ernst *et al.*, 2017). El mismo estudio constató que fueron actores políticos en los extremos ideológicos quienes recurrieron principalmente a la comunicación populista. En el terreno político, el uso populista de las redes sociales fue significativamente más común entre la oposición que entre los partidos gobernantes. Por lo tanto, las redes sociales actúan generalmente como canal para cuestionar el poder hegemónico. No obstante, existen diferencias significativas de un país a otro, fruto de los distintos contextos en el sistema político, las relaciones de poder y el entorno mediático. Por ejemplo, en el estudio mencionado se constató que Facebook encaja mejor en la comunicación populista que Twitter, porque en muchos países Twitter sirve como canal de información de la élite: expertos, políticos destacados, periodistas y personalidades de la cultura. Sin embargo, en Suiza y Estados Unidos, por ejemplo, Twitter también se utilizó con gran éxito para formar opinión populista en las elecciones y en la política de la década de 2010. En América Latina, los populistas de izquierda han aprovechado Twitter para una comunicación unidireccional, repeliendo duramente las críticas que les hacen los ciudadanos, los medios de comunicación o los rivales políticos (Waisbord y Amado, 2017).

De hecho, muchos actores populistas saben utilizar hábilmente las redes sociales para expresar sus propias ideas y provocar a los medios de comunicación; de entre ellos, Donald Trump es probablemente el perfecto ejemplo. Las actividades del Partido de la Libertad de Austria (FPÖ) también se han analizado desde esta perspectiva (véase Wodak, 2013). Estos actores populistas sacan provecho del «*perpetuum mobile* populista de derechas», como lo llama Wodak (2013; 2015), con el que los actores provocan de forma deliberada y reiterada a los medios periodísticos liberales con sus innovadoras reivindicaciones y se atraen, así, una atención mediática constante. Incluso si esta atención es negativa para los actores populistas, eso no quita para que puedan dirigir la agenda pública hacia los temas deseados. Desde la perspectiva de sus seguidores, la criticidad de los medios informativos es una prueba de que los medios generalistas son parte de una élite corrupta que procura silenciar la voz del pueblo olvidado y sus representantes.

Los actores populistas también pueden tener salidas provocadoras en los medios de comunicación tradicionales, pero las redes sociales en particular proporcionan un foro para crear comunidades que pueden reunir a los votantes de los movimientos políticos más radicales y moderados. Por ejemplo, los seguidores de Alternativa para Alemania (Alternative für Deutschland, AfD), que es un partido alemán aceptado públicamente, y de Pediga, que se agrupa como un movimiento de extrema derecha, forman una audiencia razonablemente convergente en los foros de las redes sociales, aunque el apoyo a los movimientos es bastante diferenciado por lo demás (Stier *et al.*, 2017). Esto se explica por el hecho de que otros partidos gobernantes forman una fuerte contrapartida dispuesta al consenso, que rechaza las visiones antiinmigración de ambos movimientos. En Suecia se ha dado una situación similar; allí, el partido Demócratas de Suecia ha crecido en popularidad a medida que otros actores políticos lo iban excluyendo del debate y de la adopción de decisiones. Según la lógica populista, un fuerte consenso alimenta una confrontación en la que los populistas consiguen desafiar al poder hegemónico como cártel intacto, y este desafío con frecuencia tiene lugar en los foros de las redes sociales.

También se ha debatido mucho en la década de 2010 sobre las estrategias de *spin* (manipulación) en línea; por ejemplo, en elecciones en las que Estados extranjeros o «terceros» pueden hacer campaña para apoyar a un candidato o intentar crear confusión general en el terreno político usando las redes sociales. Las redes sociales se han convertido quizás en la herramienta más importante de la propaganda moderna, pues permiten dirigir la comunicación con precisión a los grupos deseados sin un control periodístico. La opinión pública ha debatido, entre otras cosas, acerca de los intentos por parte rusa de realizar actividades de promoción en internet que influyeran en la política europea y estadounidense. En esta llamada «guerra de la información», los movimientos populistas hacen con frecuencia las veces de intermediarios que las potencias extranjeras quieren apoyar, porque el éxito de los populistas provoca confusión en el terreno político nacional y socava la unidad y la capacidad de los actores políticos europeos y estadounidenses a nivel internacional. Algunos partidos de la derecha radical en Europa (Hungría y Grecia incluidos) también han expresado su afinidad con la Rusia de Putin y han recibido financiación rusa para sus actividades.

Por lo tanto, las diferentes conexiones entre el populismo y las redes sociales ponen de manifiesto los cambios que se han producido en el ámbito de la comunicación política. Estos cambios constituyen un sistema mediático híbrido en el que los medios informativos tradicionales producidos profesionalmente y las redes sociales en manos de los usuarios se entrelazan de múltiples maneras (Chadwick, 2013). Dependiendo de los sistemas políticos y mediáticos nacionales, estas conexiones adoptan distintas formas. En las democracias liberales, las redes sociales suelen utilizarse de forma populista para confrontar la posición hegemónica de los partidos gobernantes y los medios periodísticos. En los sistemas más autoritarios, las redes sociales suelen ser un foro para la oposición liberal porque el movimiento populista ha adquirido poder hegemónico y ha subyugado a los medios periodísticos para que se conviertan en sus voceros (Herkman y Matikainen, 2016). En ambos casos, las ideas de «inteligencia colectiva» o «cultura participativa» (véase Jenkins, 2008) parecen ideales descabellados más que verdaderos medios políticos progresistas. En lugar de utopías, las redes sociales se han convertido en parte de la realidad de la comunicación y la movilización políticas, donde todos los medios son movilizados para promover un mensaje político, sea para bien o para mal.

5. Tres perspectivas sobre el populismo

Como proceso y fenómeno, el populismo saca su fuerza de las crisis políticas y económicas, pero sus formas varían dependiendo de los contextos culturales y políticos locales. Los problemas de la política de partidos son siempre problemas nacionales, lo que explica que las crisis políticas sean diferentes y creen contextos diversos para la aparición del populismo. El contexto, a su vez, determina qué enfrentamientos, enemigos e ideologías brindan en un momento determinado la mejor combinación para construir la identidad de un pueblo olvidado y atraer al mayor número de seguidores de los actores populistas. En otras palabras, las identificaciones populistas se determinan siempre de forma contingente en el marco de cada momento y circunstancia históricos, lo que explica la naturaleza polifacética y local del populismo (véase Laclau, 1977; Laclau, 2005).

No obstante, está claro que las corrientes o las coyunturas históricas más amplias, como los ciclos económicos y geopolíticos, también enmarcan los contextos locales de los que el populismo extrae sus recursos políticos (Murdock, 2020). Por ejemplo, en el capítulo anterior, que recorre la historia del populismo, se presentaba la importancia de la urbanización, la industrialización y el desarrollo de la modernización como trasfondos de diversas formas históricas de populismo. En este capítulo se analizan tres fenómenos o conceptos más generales que se puede decir enmarcan el nuevo populismo que prevalece a finales del siglo XX y principios del XXI, especialmente en Europa, pero también en otras regiones. Se trata del estado de bienestar, la globalización y el posmodernismo, de entre los cuales la idea del estado de bienestar en concreto se centra sobre todo en Europa y Occidente, pero la globalización en concreto puede considerarse fundamental para el nuevo populismo, con independencia del continente o de la forma de gobierno (véase Hadiz y Chryssogelos, 2017).

El estado de bienestar, la globalización y el posmodernismo son conceptos cuyos significados y contenidos han sido objeto de un intenso debate académico, y cuyas implicaciones se han estudiado extensa y empíricamente. También son términos con carga política empleados para justificar decisiones y campañas políticas. El propio populismo ha contribuido a la politización de estos conceptos, pues se puede decir que, en muchos sentidos, el nuevo populismo es una reacción a los retos que la globalización y el posmodernismo plantean al estado de bienestar. Lo encontramos sobre todo en las democracias liberales occidentales, por lo que la estructura de este capítulo arroja luz sobre los marcos del populismo especialmente en este reducido contexto.

Los tres conceptos describen diferentes dimensiones o niveles de la realidad cambiante. El estado de bienestar es un fenómeno concreto que tiene que ver con la organización de la sociedad, las condiciones de vida de la gente, la economía y la elaboración de políticas. La globalización, por su parte, es un fenómeno más abstracto y transnacional, y un concepto que describe las megatendencias en la economía y la política desde finales del siglo XX. El posmodernismo, en cambio, alude, en un nivel más abstracto, a una especie de *Zeitgeist* o cambio de mentalidad que se propaga, sobre todo en el ámbito de la cultura –símbolos, significados–, a las formas que tenemos de entendernos a nosotros mismos, a los demás y a la realidad, en especial consonancia con el enfoque cultural del populismo. A continuación, consideraré el populismo utilizando estos tres conceptos en el orden previo, porque creo que un movimiento tan estructurado de lo específico a lo general ilustra bien los determinantes contextuales que han hecho que el entorno político contemporáneo propicie el populismo.

El estado de bienestar

Después de la Segunda Guerra Mundial, el mundo en general y Europa en particular se dividieron en dos: el Este socialista y el «mundo libre» occidental. En el bloque oriental, el Estado empezó a controlar prácticamente todas las actividades de la vida humana, mientras que Occidente apostó por la economía de libre mercado. Sin embargo, las guerras mundiales también habían afectado al mundo de valores occidental de tal forma que el papel del Estado era algo importante. Había un deseo de crear mecanismos para evitar que se produjera una devastación similar a la que habían provocado las dos guerras mundiales en la primera mitad del siglo XX. El fortalecimiento de las democracias liberales de base constitucional fue una manera de procurar garantizar la igualdad de derechos civiles para todos, con independencia de la condición social, la riqueza o la visión del mundo. Para defender los derechos humanos y la igualdad, se creó la Organización de las Naciones Unidas (ONU), cuya tarea era involucrar a los Estados del mundo entero en estos objetivos y construir una plataforma de interacción para que las crisis entre los Estados no terminaran en desastres como la Segunda Guerra Mundial (Hobsbawm, 1994).

El economista británico John Maynard Keynes (1883-1946), que alentó a los Estados a promover políticas financieras activas, se posicionó en el ámbito económico. Según Keynes, el Estado debía buscar inversiones porque mantienen la economía en marcha y un número de desempleados razonable, incluso si el mercado libre se deteriora. De hecho, el papel del sector público y del Estado como actor financiero que equilibra los ciclos económicos y salvaguarda el bienestar de los ciudadanos empezó a fortalecerse en Occidente en los años 1950 (Hobsbawm, 1994). La idea de un estado de bienestar se originó en Gran Bretaña, donde se creía que el colapso de la clase media había permitido el ascenso del régimen nazi en la Alemania de los años 1930 y que el estado de bienestar ayudaría a garantizar que aquello no volviera a suceder. Se planificó una política social activa para construir una red de seguridad que evitara un colapso similar. Muchos otros países adoptaron también la idea de un estado de bienestar, con mayor o menor entusiasmo dependiendo de cada uno. En los países nórdicos, el papel del estado de bienestar se ha considerado quizá más importante y se ha mantenido en gran medida con la ayuda de los ingresos fiscales recaudados por el Estado. En el contexto angloamericano, ha habido un deseo de mantener una fiscalidad baja y destacar las libertades individuales. En el centro de Europa, los servicios sociales se han financiado en gran medida con las cotizaciones a los seguros (Esping-Anderssen, 1999).

Políticamente, la construcción del estado de bienestar estuvo asociada al fortalecimiento del movimiento socialdemócrata en muchos países. Los partidos socialdemócratas prosperaron especialmente en las décadas de 1960 y 1970, que fueron también la edad de oro de la idea del estado de bienestar. El poder de los socialdemócratas y la idea de un estado de bienestar triunfaron sobre todo en Suecia, donde el Partido Socialdemócrata gobernó durante casi cuarenta años, desde la década de 1930 hasta finales de la de 1970, y construyó la idea de que todos los ciudadanos se unieran para formar un *folkhem,* 'hogar del pueblo'. En muchos otros países, la popularidad de los socialdemócratas fue menor, aunque la idea del estado de bienestar recibió un fuerte respaldo en toda Europa occidental y niveló las condiciones de vida de la gente y la seguridad social.

En paralelo a la construcción de los estados de bienestar afloraron movimientos populistas que protestaban contra un Estado y una fiscalidad fuertes. Si bien en Suecia la idea de un *folkhem* estaba tan extendida que no produjo ninguna oposición abierta, en otros países nórdicos surgieron movimientos populistas de protesta contra los impuestos. Por ejemplo, los partidos de progreso creados en Dinamarca y Noruega a principios de la década de 1970 fueron en origen claros movimientos de revuelta fiscal que rechazaban el fuerte papel del Estado y los elevados impuestos (Jungar, 2017). El Partido Rural Finlandés (SMP), fundado en Finlandia en una época tan temprana como 1959, sucumbió más a los cambios provocados por la rápida urbanización e industrialización y representó la resistencia agraria-populista causada por la transformación estructural de la sociedad, pero en las décadas de 1960 y 1970 también incluyó una oposición a los «delincuentes corruptos de cuello blanco» y a los impuestos. La primera oleada de populismo del siglo XX, pues, estuvo relacionada en parte con los problemas de crecimiento del estado de bienestar, mientras que, por ejemplo, la exclusión por motivos étnicos de los habitantes no nativos no era una parte esencial de su programa. En comparación con los partidos populistas de derechas contemporáneos, la popularidad de estos movimientos era relativamente baja, con algunas excepciones locales, como el Partido Rural Finlandés a principios de los años 1980.

Sin embargo, las tendencias en política económica empezaron a invertirse en la década de 1970, cuando la acumulación de capital condujo a un largo período de desempleo y a un aumento de la inflación, lo que incrementó aún más los impuestos y los costes de la seguridad social en muchos países occidentales. El mercado produjo nuevos apóstoles económicos, como Friedrich von Hayek (1899-1992) y Milton Friedman (1912-2006), que lucharon contra las políticas económicas keynesianas y la intervención estatal. Una tendencia llamada «neoliberalismo» se basó en una política económica monetarista con la que los bancos centrales, independientes del Estado, regulaban la inflación con suministros de dinero (Harvey, 2005). La nueva doctrina económica puso en tela de juicio la idea de un estado de bienestar, puesto que, sin una política económica pública activa, es difícil mantener las funciones y la financiación del estado de bienestar. El neoliberalismo empezó a ser más prominente en numerosas democracias occidentales en los años 1980. Al mismo tiempo, los movimientos socialdemócratas y la izquierda en general perdieron sus posiciones en el terreno político cuando las clases medias que los estados de bienestar habían levantado se fortalecieron y el mensaje de la izquierda dejó de llegar con la misma fuerza a la población, y las ideologías de los partidos políticos viraron hacia el centro (Manin, 1997).

En esa década de 1980 afloró la inquietud por la competitividad entre Estados, lo que se tradujo en rebajas fiscales, recortes en la seguridad social y una mayor flexibilidad en el mercado laboral. Los sociólogos hablaron de la transición de una economía planificada basada en el Estado a una economía competitiva basada en el mercado, en la que el Estado debía producir unas condiciones más eficaces para triunfar en la competencia económica (Cerny, 1997; Jessop, 2002). El primer objetivo de un Estado competitivo es, por lo tanto, tener éxito en el mercado mundial. Las consecuencias de la política financiera con vistas a aumentar la competitividad fueron una menor progresividad del impuesto sobre la renta, medidas de austeridad en la financiación pública y una reorientación de las subvenciones públicas hacia las empresas. En conjunto, estas medidas debilitaron la igualdad ciudadana y la equiparación de la distribución de la renta, que era el núcleo del estado de bienestar, y aumentaron las disparidades de ingresos, que son el corazón del Estado competitivo (Harvey, 2005). Al mismo tiempo, el número de personas desfavorecidas ha aumentado en muchos países y la capacidad del Estado para ocuparse de ellas se ha debilitado. La idea de un Estado competitivo terminó calando tras la nueva recesión experimentada en muchas democracias occidentales a principios de los años 1990, cuando se constató que el coste de mantenimiento de un estado de bienestar superaba la capacidad financiera de las economías nacionales.

Sin embargo, la idea del estado de bienestar sigue teniendo muy buena acogida entre la ciudadanía europea, a pesar de la política competitiva imperante en las últimas décadas. A finales del siglo XX, la igualdad de acceso a la educación, el acceso a los servicios sanitarios y médicos y la seguridad social se hizo más patente en las democracias occidentales, algo que los ciudadanos valoran y quieren mantener. Las revueltas populistas contra los impuestos de los años 1970 remitieron cuando la gente comprendió los beneficios del estado de bienestar y los aceptó como su valor fundamental. La mayoría de los partidos políticos de los países nórdicos, por ejemplo, suelen hacer gala de su apoyo al estado de bienestar en sus campañas electorales, porque estas políticas gozan de un respaldo tan generalizado entre los votantes que rechazarlas no es una estratagema electoral afortunada. No obstante, al mismo tiempo, los distintos tipos de partidos gubernamentales han aplicado políticas económicas procompetitivas que erosionan la idea de un estado de bienestar fuerte.

La contradicción entre las políticas aplicadas y las grandes expectativas ciudadanas en lo que respecta a la red de asistencia social ha contribuido al auge de los movimientos populistas que critican a los partidos gobernantes en muchas democracias occidentales. Los votantes han quedado perplejos cuando los partidos, con independencia de sus bases políticas, han aplicado políticas neoliberales una vez en el poder, erosionando la base de los servicios sociales. En la hegemonía de la ideología estatal competitiva no parece haber verdaderas opciones políticas, lo que se traduce en frustración entre los votantes, debilitamiento de la intención de voto y la participación en los partidos y aumento del número de votantes fluctuantes o indecisos. En una situación así, es fácil que los movimientos populistas creen confrontaciones con los partidos en el poder y prometan un cambio político. A ojos de muchos votantes, los populistas pueden parecer la única opción real cuando el resto de partidos han adoptado con unanimidad la idea de un Estado competitivo y un *ethos* neoliberal.

El posicionamiento de los movimientos populistas respecto del estado de bienestar demuestra la naturaleza polifacética del populismo. Por ejemplo, los populistas nacionalistas de derechas no pueden oponerse directamente al estado de bienestar en general porque, de ser así, no recibirían un amplio respaldo en las elecciones. Su respuesta a la crisis del estado de bienestar es, pues, el «chovinismo de bienestar». Esto significa que la mayoría de los populistas de derechas defienden que los habitantes nativos deberían tener garantizados los servicios sociales antes que nadie, y que los inmigrantes no deberían recibir esas prestaciones en la misma medida (véase Bay *et al.,* 2013). Por otra parte, hablar de la derecha política puede ser incluso engañoso en el contexto de algunos movimientos populistas nativistas, puesto que su enfoque económico está más a la izquierda que a la derecha en el mapa ideológico tradicional. Por ejemplo, los

Demócratas de Suecia están fuertemente anclados en el ideal socialdemócrata del *folkhem,* aunque el trasfondo del partido sea el extremismo nacionalsocialista (Herkman y Jungar, 2021).

Por supuesto, existen importantes diferencias contextuales en este sentido. Por ejemplo, el populismo autoritario de Donald Trump en Estados Unidos en las décadas de 2010 y 2020 unió a grupos contrarios a las intervenciones del Estado y temerosos de que el estado de bienestar implicara una amenaza «comunista» para su libertad individual, lo que se asemeja a los movimientos populistas de protesta contra los impuestos de principios de la década de 1970 (véase Norris e Inglehart, 2019). La flexibilidad ideológica del populismo hace posible esta clase de diferencias en lo que atañe al estado de bienestar. Muchos líderes populistas de derechas se presentan como defensores de la gente corriente o incluso desfavorecida, aunque sus políticas económicas benefician a las grandes empresas. El populismo puede, llegado el caso, vincular visiones económicas de izquierdas o de derechas a otros significantes fundamentales, como la oposición nativista a los inmigrantes o la crítica a los gigantes empresariales internacionales. La erosión del estado de bienestar puede verse, por lo tanto, como un marco de referencia en cuyo seno los actores populistas occidentales de hoy articulan sus demandas políticas de diversas maneras.

La globalización

Como, según numerosas interpretaciones, la globalización ha supuesto una merma de la influencia política de los Estados nacionales y un mayor poder de los mercados, las economías y los actores políticos supranacionales, algunos de los retos que afronta el estado de bienestar tienen que ver con ella. El estado de bienestar se vio primero como un proyecto relacionado con el Estado nación. Los estados de bienestar se financian en gran medida con impuestos nacionales u otras soluciones organizadas a nivel nacional. Por lo tanto, es comprensible que, si se considera que la adopción de decisiones en estos asuntos se limita al ámbito nacional o se transfiere a actores supranacionales, el estado del bienestar se enfrentará a dificultades. Los problemas del estado de bienestar están estrechamente vinculados a los retos que la globalización económica neoliberal plantea a los Estados nacionales, estimulando la competencia entre Estados, por ejemplo, en materia de impuestos y costes laborales (véase Hadiz y Chryssogelos, 2017).

En su forma más simple, la globalización tiene que ver con el aumento de la interacción intercontinental en diferentes áreas de la actividad humana, como la economía, la cultura y la política (Held y McGrew, 2002). Así, la globalización extiende la actividad humana que venía organizándose tradicionalmente en el seno de los Estados nacionales a la actividad entre naciones e incluso continentes. Sin embargo, existen interpretaciones muy distintas sobre las dimensiones principales, la historia y las consecuencias de la globalización. Algunos investigadores destacan sus aspectos económicos, si bien para otros sus dimensiones culturales o políticas, por ejemplo, son incluso más importantes. Existe más o menos un consenso en fijar las últimas décadas del siglo XX como la era de la globalización, pero hay estudiosos que señalan que el mundo ha sido «global» antes de esa fecha. Para algunos, la globalización significa un mundo mejor, una mayor distribución del bienestar a la humanidad y el fortalecimiento de la coexistencia pacífica; para otros, significa mayor desigualdad y explotación, destrucción ecológica, pérdida de la biodiversidad o erosión del estado de bienestar. Como tal, la globalización es un significante vacío o fluctuante que puede llenarse de diferentes significados y utilizarse con fines políticos o de investigación muy diferentes (véase Ampuja, 2012).

Lo más habitual es asociar la globalización a la economía. La globalización económica significa una mayor circulación de capitales, flujos financieros, productos y mano de obra entre las fronteras de los Estados nacionales y los continentes. Esto supone también que las economías nacionales dependen en gran medida de los mercados mundiales. Los ciclos económicos supranacionales están sacudiendo las economías nacionales cuyas monedas son fluctuantes y en las que las empresas multinacionales son fundamentales para los negocios. En una «economía global» de esta índole, las crisis en lugares lejanos repercuten con frecuencia en las economías nacionales, lo que explica que se hayan construido diversos mecanismos e instituciones para regular y equilibrar los mercados, tanto a nivel mundial como regional. Ejemplos de ello son la Organización Mundial del Comercio (OMC), el Fondo Monetario Mundial (FMI), las reuniones del G7 y el G8, y las áreas de mercado europeas, asiáticas, norteamericanas y latinoamericanas (Held y McGrew, 2002).

Muchos economistas piensan que la globalización económica es buena y deseable. Para ellos, un mercado global libre es la mejor forma de permitir una producción rentable, un crecimiento económico general y, en definitiva, la difusión de la prosperidad en todo el mundo entero. No obstante, los críticos de la globalización económica señalan que el bienestar no se distribuye de manera uniforme, puesto que las grandes empresas buscan los costes de producción que sean más baratos. El mundo, además, está dividido en sociedades prósperas en el hemisferio norte y principalmente países en desarrollo en el hemisferio sur que producen materias primas y productos básicos baratos para el norte. La deslocalización de la producción a países de bajo coste suele tener también consecuencias perjudiciales para el medio ambiente, a causa de la escasa legislación en materia de protección, que varía considerablemente de un país a otro. Además, como ya se ha mencionado, los mercados mundiales son propensos a las crisis, dado que los conflictos locales, las recesiones y los problemas económicos tienden a extenderse por las redes internacionales. Es más, el sociólogo alemán Ulrich Beck (1944-2015) ha llamado «globalistas» a los pensadores que creen ciegamente en la globalización y no advierten de los problemas y riesgos que conlleva (Beck, 1999).

La globalización económica también se asocia a la globalización cultural, porque, en un mercado global, los productos, las ideas y las personas se mueven más rápido que nunca a escala transnacional. El sociólogo español Manuel Castells (1996) ha destacado la importancia de las tecnologías de la información y la comunicación hasta el extremo de que ha llamado «sociedades red» a las sociedades actuales. Según Castells, el desarrollo de internet ha desempeñado un papel fundamental en la globalización económica, puesto que la economía depende hoy del rápido flujo de información y conocimiento. Castells habla de la economía de red, donde quien amasa los beneficios son los actores que controlan la red de información o sus nodos centrales, bien sean empresas transnacionales (como Microsoft, Apple, Google y Facebook), Estados (como Estados Unidos, los países del norte de Europa y China), ciudades y subregiones (como Silicon Valley en California, el Citibank en Londres o Wall Street en Nueva York) o individuos (como Steve Jobs, Bill Gates o Mark Zuckerberg). En una economía de red, también prosperan los *flex-timers,* los empleados que se adaptan a la lógica fluida y descentralizada de la red y aprenden a utilizarla en su beneficio. Sin embargo, el mayor número lo constituyen los «desempleados» que no pueden participar en la economía de red, pongamos, por falta de recursos. Las ideas de Castells sobre la economía de red contribuyen a los cambios que la globalización brinda a las economías y estructuras económicas nacionales.

La actual ola populista que se inició en Europa y Asia a finales del siglo XX se ha interpretado a menudo como una reacción a la globalización (por ejemplo, Panizza, 2005; Hadiz y Chryssogelos, 2017). La globalización económica ha provocado importantes cambios estructurales en los estados de bienestar, donde la industria y la agricultura tradicionales se han deteriorado y deslocalizado a países de bajo coste. La estructura económica de muchos países occidentales ha cambiado rápidamente, abocando al desempleo, la necesidad de reciclaje y requisitos de flexibilidad e inseguridad en el mercado laboral, puesto que las industrias tradicionales han sucumbido ante nuevos sectores relacionados con las tecnologías de la información y la comunicación (TIC). El cambio ha sido veloz, especialmente en las industrias en las que predominan los hombres. Esto ha allanado el camino para los movimientos populistas que acusan a enemigos específicos (las élites, la Unión Europea, los inmigrantes) del sufrimiento de los trabajadores y les prometen un futuro seguro (véase Eatwell y Goodwin, 2018). En mi país, por ejemplo, las bases del éxito del partido populista de derechas finlandés se establecieron en provincias donde las industrias del papel y la celulosa habían cerrado muchas fábricas de producción importantes en la década de 2000 (Borg, 2012).

La globalización también ha aumentado la movilidad de la población. Con el acuerdo de Schengen de la Unión Europea, por ejemplo, que permite a las personas desplazarse con relativa libertad dentro de un área de veintiséis países, la inmigración y el movimiento en los Estados nacionales europeos tradicionales ha aumentado drásticamente. Al mismo tiempo, los conflictos, en parte debidos a la globalización y en parte a razones históricas y geopolíticas, han creado flujos de refugiados sin precedentes. Por ejemplo, la guerra en Siria, los disturbios en Irak, la violenta situación en Afganistán, las secuelas de la revolución de la Primavera Árabe en el norte de África en 2011 y numerosas crisis locales en el continente africano culminaron en 2015 en una avalancha de refugiados que no se había conocido ni durante la Segunda Guerra Mundial en Europa. El súbito flujo de personas de distintas culturas que hablan, piensan y se comportan de otra forma en el paisaje urbano de los estados de bienestar fue un choque para algunas personas, a las que los populistas de la derecha radical supieron seducir con facilidad.

Los choques interculturales provocados por una mayor circulación de personas, la amenaza del terrorismo islamista y sus contramovimientos nacionalistas acérrimos o de extrema derecha, en combinación con el gigantesco número de personas que reciben ayuda, plantean importantes retos económicos y políticos a los estados de bienestar nacionales, y los movimientos populistas han desempeñado un papel fundamental en la politización de estos retos. Los partidos populistas de derechas suelen tener conexiones con extremistas que promueven una ideología estrictamente nativista y caldean el ambiente político en las democracias liberales (véase Mudde, 2019). Esto explica que Alemania, por ejemplo, definiera a Alternativa para Alemania (Alternative für Deutschland, AfD) como una posible amenaza para la seguridad nacional y, por lo tanto, como un objetivo de vigilancia en 2021. La lógica populista hace hincapié en la confrontación con los inmigrantes a menudo de forma brusca, ofensiva y odiosa. Sin embargo, son estas experiencias afectivas y emocionales las que actúan como un cemento que une a los partidarios del populismo de derechas y contribuyen a explicar la popularidad de los movimientos (Salmela y Von Scheve, 2017). Al mismo tiempo, ha crecido el apoyo al radicalismo de izquierdas antiglobalización y los disturbios y enfrentamientos violentos entre extremistas son más frecuentes.

El auge de internet en general, y de las redes sociales en particular, ha creado plataformas donde quienes temen las consecuencias económicas y culturales de la globalización han podido constituir comunidades afines. En palabras de Castells (2007), internet permite la «autocomunicación de masas», que transfiere las relaciones de poder de los medios de comunicación a una nueva constelación donde los medios tradicionales han dejado de tener una posición dominante inequívoca, y en principio los mensajes de cualquier persona pueden llegar a audiencias significativas. En las identificaciones populistas, las redes sociales desempeñan un papel fundamental, pues contribuyen, por ejemplo, a que las ideas populistas nativistas de derechas encuentren una caja de resonancia, aunque los medios informativos generalistas sean críticos con ellas (Kramer, 2017). En cierto sentido, esto justifica la teoría de Castells (1996) sobre la economía de red, puesto que estos grupos a menudo son excluidos de ella. Por otra parte, el que los populistas de derechas sepan sacar provecho de las redes sociales demuestra que ellos también son *flex-timers* en la sociedad *online* y saben convertir su posición precaria en actividad política, precisamente a través de las tecnologías de la información y la comunicación (TIC). Así, además del hecho de que la reestructuración industrial, la inmigración y el deterioro del estado de bienestar han golpeado quizás más directamente a los estados de bienestar occidentales, el uso generalizado de las tecnologías de la información y la comunicación puede explicar también por qué los partidos populistas de derechas han tenido tanto éxito en estos países durante el siglo XXI.

El posmodernismo

El discurso sobre el posmodernismo nació en el mundo occidental en los años 1970 y 1980, y sugería que se había producido una transición de la modernidad a una nueva era. El término «posmodernismo» se empleó en el arte como reacción al modernismo. El posmodernismo en el arte se caracterizaba por la autoconciencia, la reflexividad, la ironía, las referencias a otras obras de arte y una suerte de superficialidad. No se basó en algún mensaje o verdad más profundos subyacentes al arte, como en el caso del ideal del arte modernista, sino que la proclamación de la verdad debía ser visible al público con insinuaciones y referencias irónicas. En vez de horizontes de interpretación comunes y compartidos, el arte posmoderno descansaba en interpretaciones individuales y variadas. El posmodernismo se manifestó en las artes visuales en forma de *collages* lúdicos que mezclaban diversas técnicas, instalaciones, arte conceptual, *performances* y arte mediático que trascendían los límites de las distintas expresiones artísticas. También se plasmó en obras literarias o arquitectónicas que combinaban diferentes estilos y tradiciones que jugaban con el bagaje cultural del público.

Aparte del arte, muchos teóricos empezaron a hablar de la era posmoderna en otros ámbitos. Más que un estilo artístico, según ellos el posmodernismo era una continuación o reacción natural a las corrientes de los tiempos modernos. Por ejemplo, la era posmoderna fue caracterizada por el filósofo francés Jean-Francois Lyotard (1984) como «la muerte de las grandes narrativas» para decir que las metaexplicaciones como la religión, el marxismo, el capitalismo y el psicoanálisis, entre otras, habían dejado de brindar una respuesta definitiva a un mundo fragmentado, que ahora, en cambio, se caracterizaba por diversas micronarrativas. Además de la fragmentación, la era posmoderna se caracteriza por la superficialidad o el énfasis en la superficie en un sentido radical. Jean Baudrillard (1998) lo describió como «remitir un signo a otro signo» en lugar de algún significado más profundo y relacionado con el concepto de simulacro de Platón. Según Baudrillard, el posmodernismo significa vivir en una especie de hiperrealidad, donde los significados y las verdades más profundas son secundarios o incluso desaparecen en la superficie de las imágenes que los representan. Como ejemplo de esto, Baudrillard (1995) utilizó, entre otras cosas, la Guerra del Golfo de 1991, cuando Estados Unidos invadió Kuwait para expulsar a las fuerzas de ocupación iraquíes de Sadam Husein. Para los medios de comunicación occidentales, la guerra parecía un videojuego más que una catástrofe humana. En las imágenes de las noticias, la munición trazadora volaba en el cielo nocturno, los misiles inteligentes mostraban un vídeo en directo de sus objetivos y los cazas, los helicópteros de combate y otros aviones de guerra relucían bajo el sol del desierto. En cambio, las ruinas, los cadáveres y los flujos de refugiados apenas aparecían en las imágenes de los noticiarios.

Algunos teóricos han asociado la superficialidad posmoderna con el desarrollo del capitalismo. Por ejemplo, según Fredric Jameson (1991), el impacto del capitalismo financiero global se refleja también en una cultura que reproduce la lógica capitalista con sus producciones fragmentadas y superficiales. En respuesta a la superficialidad, la cultura produce pastiches, reediciones de obras maestras del pasado que respetan el «arte perdido» y se ajustan a él, pero que no alcanzan el estatus de obra de arte independiente o auténtica. Otro rasgo definitorio de la cultura posmoderna, según Jameson, es la nostalgia, la añoranza de la certeza de los tiempos pasados, las grandes historias y las verdades. La nostalgia se manifiesta tanto en el arte como en la cultura popular como un anhelo de los buenos viejos tiempos. Por ello, las reproducciones, las secuelas y las referencias a obras conocidas son características típicas de la cultura posmoderna.

No obstante, algunos investigadores no han querido hablar de posmodernismo porque, según ellos, el término no describía adecuadamente la época. Algunos pensaban que la expresión «modernidad tardía» era más apropiado, en el sentido de que no hace hincapié en la transición a una era completamente nueva (por ejemplo, Fornäs, 1995). Los críticos sostenían que a finales del siglo XX no se había entrado en una nueva era, sino que las grandes corrientes de los tiempos modernos –el énfasis en el sujeto individual, el papel central del Estado nación, la importancia del conocimiento y la economía capitalista– seguían siendo principios esenciales para la cultura y la sociedad occidentales. Más bien, se entendía que la importancia de estas características se acentuaba cada vez más, por lo que también se hablaba de una «modernización acelerada», de lo «hipermoderno» o del «turbo-capitalismo». El sociólogo Zygmunt Bauman (2000) habló de «modernidad líquida» para subrayar que las tendencias modernas habían derivado hacia un espacio líquido a finales del siglo XX. Según Bauman, la edad de oro moderna se caracterizó por la búsqueda de permanencia y seguridad, y el relajo de lo moderno supuso que la incertidumbre y el cambio continuo se infiltraran en el centro del trabajo, la educación, las relaciones humanas y la interacción social. Es bueno tener en cuenta, por lo tanto, que conceptos como «moderno» y «posmoderno» son palabras empleadas *a posteriori* para ilustrar cambios estructurales, sociales y culturales complejos. Las corrientes culturales no se acaban en un instante, sino que conviven y se entrelazan. Aunque vivamos en un mundo posmoderno, seguimos siendo bastante modernos, pero «nunca hemos sido completamente modernos», como dice el antropólogo Bruno Latour (1993).

Lo más esencial del período descrito como posmoderno es la importancia del individuo, la magnitud de la cultura del consumo, la movilización de las estructuras sociales y el énfasis en lo emocional. Bauman (2000) ha llamado a las comunidades posmodernas «comunidades de guardarropa», porque, en la nueva forma de comunidad, los vínculos y los compromisos personales con frecuencia son momentáneos, igual que cuando dejas temporalmente una chaqueta en un guardarropa. Así, las identidades no se fijan permanentemente sobre la base de las comunidades y las tradiciones, sino que también están en constante movimiento (Hall, 1992). Esto supuso una nueva clase de política que empezó a desprenderse de las ideologías y las verdades modernas. Si bien en la alta edad moderna los partidos de masas se reforzaron como instituciones de la democracia representativa que se adaptaron a las estructuras de clase de los Estados nacionales, el posmodernismo empezó a romper sus cimientos cuando llevó al centro de la política explicaciones más individualistas. El sociólogo británico Anthony Giddens (1991, 214) describió este cambio con el concepto de la «política de la vida».

La «superficialidad posmoderna» se manifestó en la política como la creciente relevancia de los políticos individuales en detrimento de la importancia de las ideologías representadas por los partidos políticos, dado que las actuaciones políticas habían entrado en el corazón de la política. La individualidad, la afectividad y la movilidad describen la vida política de la era posmoderna. La teoría posmoderna contribuye así a los cambios en la democracia, como el auge de la democracia de audiencia (Manin, 1997) y el creciente papel de los medios de comunicación en la política; es decir, la mediatización de la política (Mazzoleni y Schulz, 1999; Esser y Stromback, 2014).

La política posmoderna se asocia con una menor militancia en los partidos políticos, la politización de lo personal y una relevancia cada vez mayor de las políticas identitarias. Algunos investigadores lo ven como algo emancipador, porque las verdades modernas fijas, disfrazadas de universales, giraban en torno a los varones y a Occidente, fomentando así, por ejemplo, la división desigual del poder entre géneros, diferentes grupos de personas y naciones (Boyne y Rattansi, 1990, 23-36). Con el movimiento por los derechos civiles, el feminismo y el movimiento ecologista, las opciones personales se volvieron verdaderamente políticas. La política posmoderna ventiló simples verdades modernas, introduciendo la diversidad como punto de partida de la política. Esto ha inspirado teorías democráticas radicales que señalan los problemas del regreso de la política hegemónica a las instituciones políticas y destacan la importancia de las contradicciones políticas genuinas que surgen del mundo de cada individuo en función de su contexto (véase Fenton, 2016). Por ejemplo, las ideas de Laclau y Mouffe sobre el populismo como motivo de la politización de las demandas sociales y la formación de movimientos políticos guardan relación con estas teorías «posfundacionales» (véase Marchart, 2007). Por otra parte, los críticos del posmodernismo nos han recordado el aspecto negativo de una nueva clase de incertidumbre: el creciente sentimiento de insignificancia y exclusión debido al paisaje de valores relativista (por ejemplo, Bauman, 2000; Beck, 1992).

La ola de nuevo populismo que surgió a finales del siglo XX puede considerarse posmoderna en muchos sentidos. En primer lugar, el entorno posmoderno proporciona un terreno fértil para las identificaciones populistas. La relajación de las estructuras tradicionales, el énfasis en la individualidad y la creciente importancia de las políticas de identidad afectiva erosionan el atractivo de los partidos políticos basados en las estructuras de clase tradicionales y hacen atractivos para la identificación los movimientos populistas basados en articulaciones políticas momentáneas. Los movimientos populistas pueden verse como una especie de política de partidos que logra despertar en la gente el deseo emocional de una identidad de grupo, muchas veces con más éxito que los partidos tradicionales.

En segundo lugar, el nuevo populismo fue una reacción a los desafíos planteados por los Estados nacionales, la política y la cultura posmodernas. El populismo presenta claridad y verdades sencillas en un momento en el que la incertidumbre es abrumadora y cuesta encontrar respuestas claras a las cuestiones políticas. El nuevo populismo recurre a la añoranza del *heartland* favorecida por el populismo agrario moderno (Taggart, 2000), donde las respuestas pueden hallarse en el pasado feliz de la nación que se imagina intacto. En particular, el populismo nacionalista de derechas se caracteriza por la añoranza del pasado, que es típica de la cultura posmoderna (cf. Jameson, 1991). El nacionalismo, el nativismo y las imágenes simples del enemigo aportan claridad a un mundo complejo. El multiculturalismo se rechaza porque complica los valores y los gustos nacionales claros. A veces, los nuevos movimientos populistas hacen incluso demandas sobre la vida cultural, como el Partido de los Finlandeses en su manifiesto electoral parlamentario de 2011, en el que rechazaban explícitamente el posmodernismo y apoyaban el arte romántico nacional.

En tercer lugar, el nuevo populismo suele ser ideológicamente «débil» o impreciso. Como alude principalmente a la identificación política en la que el «pueblo olvidado» se contrapone a otros grupos de personas –élites, inmigrantes, minorías–, el populismo en sí no constituye una ideología fuerte (Laclau, 2005); más bien, utiliza, combina y modifica las ideologías existentes de una manera muy posmoderna cuando es necesario y dependiendo del contexto (Stanley, 2008). De este modo, el populismo puede articular –o si se prefiere, reunir– momentáneamente demandas sociales y tendencias ideológicas muy diferentes, que incluso pueden ser históricamente contradictorias (Laclau, 1977). En Bulgaria, por ejemplo, el partido populista Ataka ha surgido al mismo tiempo, dependiendo de la perspectiva, bien como un movimiento nacionalista de extrema derecha, bien como un partido socialista de extrema izquierda (véase Ghodsee, 2008).

El populismo forma así una especie de *collage* posmoderno en el terreno de los partidos políticos, un mosaico que difiere de la ideología monocromática de la división tradicional izquierda-derecha. El populismo presenta la modernidad líquida como significante vacío de una especie de simulacro político. De hecho, el secreto de su éxito es que se trata de una forma posmoderna de resistir al posmodernismo: la ola de populismo actual es completamente posmoderna.

Conclusión. El populismo después de la pandemia y de Trump

El futuro del populismo parece distinto en función de como lo entienda cada uno. Si lo definimos como un proceso de autocomprensión política, de formación de la identidad y de confrontación política, siempre habrá populismo. En este sentido, es una parte integral de la política. Si, por el contrario, se define por movimientos políticos o ideologías particulares, será más difícil predecir su futuro, porque la popularidad de los movimientos políticos y las ideologías tiene que ver con contextos específicos. Visto así, el futuro del populismo depende, entre otras cosas, de las manifestaciones del Estado nación, la globalización y el posmodernismo en los contextos políticos locales. Tampoco conviene olvidar la importancia de los medios de comunicación, que varía con los cambios en las culturas políticas, los sistemas mediáticos y las tecnologías de la comunicación.

El populismo, entendido como un proceso de identificación política, ha existido desde que existe la política moderna, y también existirá mientras las sociedades humanas sigan organizando sus decisiones en un sistema entendido como democracia. En este sentido, el populismo es verdaderamente una parte integral de la democracia. Según Canovan (1999), el populismo surge de la tensión interna de la democracia entre el ideal o la promesa de la sociedad civil y las estructuras institucionales de la democracia. El populismo apela a la decepción que produce el funcionamiento cotidiano de la democracia representativa a través de partidos políticos, gobiernos e instituciones de gobierno desde la perspectiva de la sociedad civil. Cuando la política de partidos no goza de la suficiente confianza ciudadana, entra en juego el populismo. El populismo es una especie de camino hacia la comunalidad política, y con frecuencia sirve de vía en las primeras etapas de los nuevos partidos. Muchos políticos individuales también utilizan un estilo populista para atraer la atención y conseguir apoyos.

El populismo se construye siempre en contextos históricos y locales, porque los medios, los valores y las ideologías con los que son definidos «el pueblo» y sus enemigos dependen del contexto particular. Así, por ejemplo, la historia política, los sistemas sociales, los medios de comunicación y la situación geopolítica de América Latina han fomentado normalmente un populismo distinto (de izquierdas y con liderazgos fuertes) del de las democracias multipartidistas en Europa occidental basadas en el consenso, donde el populismo de derechas nativista y centrado en los partidos ha sido más frecuente. Por otra parte, el poder de la economía de mercado global, la competencia entre Estados en el mercado global, las instituciones y las organizaciones internacionales como Naciones Unidas, el Fondo Monetario Internacional y la Organización Mundial del Comercio, los acuerdos geopolíticos entre Estados y la difusión de las tecnologías de la información y la comunicación sitúan al populismo más allá de los contextos nacionales.

En este entorno, el populismo se extiende, y se extiende deliberadamente, de un país a otro. Los actores políticos se modelan a través de las fronteras nacionales, pero algunos «terceros» desean provocar confusión de manera deliberada en los terrenos políticos nacionales apoyando financieramente a movimientos populistas o promoviendo campañas y comunidades virtuales favorables a ellos. El populismo forma parte de la actual lucha informativa entre Estados y distintas facciones, que buscan crear el clima de opinión más favorable para ellos y resquebrajar la unidad de sus «enemigos». La lógica de las redes sociales encaja muy bien en este propósito, puesto que apoya específicamente la construcción de comunidades emocionales a través de fuertes enfrentamientos por medios populistas (véanse Engesser *et al.,* 2017; Hatakka, 2019).

En cierto modo, el populismo ha servido de respuesta a la crisis del estado de bienestar, la globalización y el posmodernismo, y ha adoptado diferentes formas en función de los contextos nacionales. La respuesta del populismo de derechas y nativista a estos desafíos ha sido una añoranza imaginaria del *heartland* perdido del Estado nación, levantando un muro alrededor de este y rechazando a poblaciones e influencias de otros lugares. En términos económicos, se ha traducido, por ejemplo, en la proliferación de políticas proteccionistas –como los derechos de importación y los aranceles impuestos por Donald Trump– y en el contragolpe que provocaron en la economía global neoliberal, que, en la primavera de 2018, se interpretó como una nueva guerra comercial. En política exterior, el resultado ha sido un endurecimiento de la legislación sobre inmigración, movimientos migratorios, refugiados y control de fronteras. A nivel interno, los populistas de derechas han presionado para que los beneficios sociales se asignen principalmente a los ciudadanos nativos y, de forma más general, atiendan los intereses de la mayoría indígena en detrimento de las minorías, lo que ha desembocado en una fuerte división política entre los grupos liberales y conservadores, y en desafíos constitucionales en las democracias liberales. En el extremo, los populistas de derechas han empezado a cambiar los mecanismos de la Constitución que equilibran el poder y apoyan la igualdad ciudadana, procurando centralizar el poder en sí mismos y hacerse con el control de los medios de comunicación. De este modo, el movimiento populista, que inicialmente surgió como una «protesta del pueblo», se transforma en un régimen autoritario en el que el poder se concentra únicamente en el líder y sus socios. Esta evolución se ha visto en Turquía y Hungría en la década de 2010, y Polonia les siguió los pasos a finales de ella. Donald Trump intentó emplear el mismo tipo de estrategia, pero chocó con los fuertes pesos y contrapesos del sistema democrático liberal estadounidense en 2020. La desconfianza en la política abre una puerta al populismo autoritario (Norris e Inglehart, 2019).

La respuesta de los populistas de izquierdas a la crisis del estado de bienestar, la globalización y el posmodernismo ha sido muy similar a la de los populistas de derechas, pero los primeros definen a sus enemigos en términos no étnicos. En el populismo de izquierdas, los enemigos del «pueblo» son tanto los políticos corruptos como la élite económica del país, además de las corporaciones supranacionales del mundo empresarial y financiero, y las organizaciones que controlan el mercado fuera de sus fronteras. Su política ha consistido en ignorar la regulación económica supranacional, priorizar los intereses económicos nacionales y reforzar el papel del Estado en relación con el mercado. En el mejor de los casos, las reformas populistas de izquierdas en Asia y América Latina, por ejemplo, lograron inicialmente mayor prosperidad para los ciudadanos, pero estos movimientos también han terminado convirtiéndose en regímenes autoritarios centrados en el poder, caso de la presidencia de Hugo Chávez en Venezuela (véase Salojärvi, 2016). Como resultado, la deuda del país y los problemas financieros en la economía internacional suelen intensificar la tensión en sus relaciones internacionales. El resultado final puede ser una crisis sistémica o un auténtico caos, cuyas consecuencias pueden ser devastadoras para los ciudadanos.

Un movimiento populista contribuye a la revitalización de la vida política tras un período de estancamiento de algunas décadas. Al mismo tiempo, anticipa la redistribución y la agitación en el terreno político en muchos países. Están surgiendo nuevos partidos políticos que triunfan gracias a las identificaciones populistas. Una vez establecidos, los partidos tienden a perder su «populismo» y a integrarse entre el resto de partidos o desaparecer. No obstante, en la actualidad parece que los movimientos populistas son capaces de conservar al menos parte de su lógica populista incluso después de llegar al poder (véase Akkerman *et al.,* 2016), lo que demuestra la resistencia del populismo. Como el populismo no es claramente una ideología, los movimientos populistas pueden intercambiar anclajes y enemigos ideológicos a su antojo si los antiguos «se desgastan» y dejan de convencer a sus seguidores. Este ha sido el caso, por ejemplo, del partido Fidesz liderado por Orbán, cuyos enemigos se hallaban primero en la élite política húngara, luego en la Unión Europea y más tarde en los inmigrantes (véase Kim, 2020). De este modo, los movimientos populistas son capaces de renovar y atraer continuamente a sus seguidores manteniendo parte del antagonismo inicial en el centro de la identificación política, pero cambiando el foco de la confrontación según el momento.

En sistemas bipartidistas o en sistemas políticos sólidamente basados en la confrontación entre dos bloques, la expansión del populismo a un principio sistémico es más probable que en los sistemas multipartidistas que buscan el consenso (véase Palonen, 2009). Es más, resulta más probable que el populismo se vuelva autoritario en países donde la tradición y las instituciones de la democracia liberal son jóvenes o débiles que en países con una sólida tradición de democracia liberal (véase Mudde y Kaltwasser, 2012b). Esto ocurre porque, en los segundos, las instituciones y los mecanismos de seguridad que mantienen la democracia liberal (como la Constitución, el sistema judicial, la oposición, la burocracia y los medios de comunicación) son tan fuertes que es difícil que un actor político individual logre una posición tan autoritaria. En las antiguas democracias liberales, sus instituciones democráticas también suelen gozar del sólido respaldo de la mayoría. Históricamente, en el sur de Europa y en la cultura política angloamericana, los conflictos y los enfrentamientos han sido, en general, más comunes que, pongamos, en las democracias que buscan el consenso en el norte y el centro de Europa y, por lo tanto, han hecho que el populismo sea una parte normal en las primeras, pero una excepción en las segundas. No obstante, el populismo del siglo XXI no ha conducido a regímenes autoritarios en ninguna de ellas hasta ahora, aunque Donald Trump haya intentado darle un cariz autoritario al suyo.

Es difícil creer que los fenómenos que enmarcan el populismo, como las transformaciones globales de la economía y la industria, el creciente conocimiento de otros países y culturas gracias a internet o la migración, vayan a disminuir radicalmente o a desaparecer en un futuro próximo. El gran desafío mundial, el cambio climático, hace que estas megatendencias estén incluso más vigentes que durante la década de 2020. Por lo tanto, siguen existiendo buenas condiciones para la aparición y el fortalecimiento de los movimientos populistas actuales. El contexto del país afecta, pues, a las formas que adopta finalmente el populismo. Sobre todo en las democracias liberales, se han puesto en marcha diversos contramovimientos que se oponen a exitosos partidos populistas de derechas o a movimientos extremistas vinculados a ellos, y todo el sistema político se ha vuelto más belicoso que antes. En este sentido, puede afirmarse que el «*Zeitgeist* populista» se ha extendido también a sistemas políticos que han sido duraderos y han buscado el consenso durante décadas (Mudde, 2004). Por ello, podemos decir incluso que las dos primeras décadas del siglo XXI constituyen la era del populismo (Krastev, 2011). Sin embargo, dos parámetros contextuales sacudieron significativamente la vida política en 2020 y afectaron al futuro del populismo en el mundo entero; a saber, la pandemia de la COVID-19 y la caída de Donald Trump.

En enero de 2020, China anunció la existencia de un nuevo virus que se extendía especialmente en la región de Wuhan y parecía muy infeccioso y peligroso. El virus se llama «Corona» y la grave enfermedad que provoca es la COVID-19, que en los meses de febrero y marzo propagó una pandemia mundial. Durante el año 2020, se registraron alrededor de 80 millones de infecciones y 1,8 millones de muertes en el mundo (OMS, 2021). Los países que más sufrieron en proporción a su población fueron Estados Unidos y Brasil en el continente americano e Italia, Francia, España, Reino Unido, Bélgica y Suecia en el europeo. El número de infecciones también fue elevado en Rusia e India. La pandemia causó efectos demoledores en la movilidad y la libertad de las personas, mientras los Estados nacionales cerraban sus fronteras y establecían confinamientos para proteger a sus ciudadanos y los sistemas de atención sanitaria, que, en muchos países, estaban a punto de colapsar ante la avalancha de personas gravemente enfermas. Las restricciones nacionales e internacionales también tuvieron una notable influencia económica, puesto que los confinamientos redujeron significativamente los desplazamientos, el alojamiento, la restauración y los negocios culturales, además del comercio internacional. Esto puso en entredicho la hegemonía de la doctrina política financiera neoliberal y monetarista del siglo XXI casi de la noche a la mañana, cuando los distintos Estados nacionales y la Unión Europea decidieron responder a la conmoción económica con un impulso y una reflación excepcionalmente generosos (véase Anderson *et al.,* 2020).

La conmoción económica y política que ha provocado la pandemia del COVID-19 también ha influido en el populismo. Se puede afirmar que el triunfo casi continuo de identificaciones y movimientos políticos populistas durante las dos primeras décadas del siglo XXI ha afrontado su primera auténtica ruptura con la pandemia. Sin embargo, las consecuencias de la pandemia para el populismo varían en función del contexto y sus repercusiones políticas definitivas no podrán analizarse adecuadamente hasta que la enfermedad haya sido vencida. Sin embargo, durante la primera oleada de COVID-19 en la primavera de 2020 se realizaron cartografías preliminares de la relación populismo/pandemia. La red Populismus, que dirige la Universidad Aristóteles de Salónica, recabó un informe a gran escala sobre las impresiones inmediatas del tema en dieciséis países y cinco continentes junto con el Grupo de Investigación sobre Populismo de la Universidad de Loughborough (Katsambekis y Stavrakakis, 2020). El proyecto Populism in Action también publicó, entre otras cosas, análisis rápidos de las relaciones entre el populismo y la pandemia en cuatro países europeos durante 2020.

Como el populismo y las consecuencias de la COVID-19 varían según los contextos, el principal mensaje de estos informes ha sido que existen notables diferencias contextuales en las relaciones populismo/pandemia entre los países. Giorgios Katsambekis y Yannis Stavrakakis (2020, 6-8) concluyen en la introducción de dicho informe que la popularidad de los actores populistas varía durante la pandemia, y no se puede extraer un principio general de su fracaso o de su éxito. También nos recuerdan que los actores populistas han reaccionado de forma muy distinta a la pandemia en diferentes países, y no hay que subestimar el papel de ideologías específicas como el nacionalismo y el nativismo en las respuestas de los actores políticos a la crisis en nombre del populismo. Como término paraguas impreciso, el populismo no explica necesariamente las actuaciones políticas durante la pandemia y, del mismo modo, también la pandemia repercute en las articulaciones ideológicas que subyacen a las identificaciones populistas. Queda igualmente claro que la relación entre los expertos en salud y los actores políticos varía de un país a otro, y esto también tiene un impacto en las identificaciones populistas.

En general, los líderes populistas de derechas con fuertes tendencias autoritarias, como Donald Trump y el presidente de Brasil Jair Bolsonaro, menospreciaron e incluso negaron la amenaza de la COVID-19, especialmente al inicio de la pandemia (De Barros, 2020; Lowndes, 2020). Se enfrentaron a la comunidad internacional y a los expertos y las autoridades sanitarias nacionales, explotaron el tradicional antagonismo populista y apelaron a quienes se sentían desamparados frente a las autoridades o incluso creían en conspiraciones y engaños por parte de los expertos oficiales. Sin embargo, a medida que la crisis continuó y se agravó, y salieron a la luz las verdaderas consecuencias de la COVID-19, la estrategia no fortaleció las identificaciones populistas, sino que empezó a fracturar el estatus de sus líderes, que tuvieron que adoptar políticas más de centro, porque su principal argumento económico para rechazar los confinamientos y otras restricciones resultó inviable a la luz de los peligros de la pandemia.

Algunos actores populistas autoritarios, como Viktor Orbán y su partido Fidesz en Hungría, utilizaron la pandemia para promover su poder autocrático apelando a la necesidad de un orden público fuerte en la lucha contra la COVID-19 (Kim, 2020; Lowndes, 2020). Sin embargo, en la mayoría de los países democráticos liberales, los actores populistas tuvieron que renunciar a sus antagonismos políticos porque la gente comprendió que había que luchar a una contra la pandemia y secundó a los responsables y a las autoridades tradicionales en esta lucha. Los confinamientos también cerraron las fronteras nacionales, reproduciendo irónicamente las demandas nacionalistas y nativistas de un control fronterizo más estricto. Estas demandas ya habían sido formuladas por actores populistas de derechas, especialmente en el espacio europeo de Schengen, donde la población estaba acostumbrada a viajar libremente entre países. Parece, pues, que la pandemia debilitó temporalmente el atractivo de las identificaciones populistas de derechas y fortaleció la confianza en la política tradicional en las democracias liberales durante la primavera de 2020.

Sin embargo, a medida que la crisis continuaba y los graves problemas económicos que provocaba se hacían realidad en los países con estrictas restricciones, volvió a aparecer el rechazo a los confinamientos y a los responsables políticos. La gente empezó a cansarse de las restricciones, y en numerosos países, la pérdida de apoyo a los movimientos populistas en las encuestas de opinión se frenó cuando las críticas contra los partidos gobernantes subieron de tono durante la segunda mitad de 2020. En varios países se estableció un claro vínculo entre las campañas antirrestricción y antivacunación y los movimientos populistas de derechas. Por lo tanto, es demasiado pronto para afirmar que la pandemia creó un punto de inflexión crucial en el éxito de los partidos populistas de derechas en las democracias liberales. Algunos investigadores estiman, por ejemplo, que el impulso económico promovido por los responsables políticos durante la pandemia conducirá, una vez superada esta, a una creciente colaboración con los partidos tradicionales de derechas y los actores populistas de derechas, cosa que, a su vez, puede llevar a una mayor normalización de los movimientos populistas (por ejemplo, Hatakka, 2020).

Además de la pandemia, la derrota de Donald Trump en las elecciones presidenciales de Estados Unidos de 2020 se vio como un freno drástico al triunfo global del populismo de derechas. Antes de la pandemia ya existían indicios de reacciones contrarias al populismo de derechas en Europa. Se pudo ver, por ejemplo, una pérdida significativa de votos para los partidos populistas de derechas y la victoria de los partidos verdes liberales en las elecciones parlamentarias de Suiza y Austria en 2019, y un éxito menor del esperado de los partidos de la derecha radical en las elecciones al Parlamento Europeo en 2019, aunque podrían interpretarse como alternancias normales entre los actores políticos del gobierno y la oposición. Sin embargo, la derrota del presidente estadounidense en funciones con un claro margen fue un nuevo indicio de la voluntad de la mayoría de resistir al populismo autoritario de derechas de Donald Trump, acompañado de la sorprendente victoria del Partido Demócrata en las elecciones al Senado en Georgia tras las elecciones presidenciales. Así, la democracia liberal de Estados Unidos logró defenderse de los ataques del populismo autoritario con la ayuda del voto mayoritario y de las instituciones políticas. Y pese a que Trump y sus seguidores extremistas continuaron su lucha después de las elecciones, los pesos y contrapesos de la democracia moderna más antigua del mundo demostraron su fortaleza (véase Mudde y Kaltwasser, 2012a). A medida que las articulaciones populistas viajan a través de las fronteras, es plausible que sus contrarreacciones se extiendan también entre las democracias liberales. La mayoría moderada de la población podría aburrirse de los continuos enfrentamientos políticos y empezar a presionar para disminuir las polarizaciones políticas.

Sin embargo, los resultados de las elecciones y la voz de la mayoría no erradican necesariamente las razones originales que mueven a algunos sectores de la población a buscar identificaciones populistas; a saber, los sentimientos de inseguridad y la decepción con la política de partidos tradicional. El populismo sirve de método para apelar a las demandas sociales de estos grupos y es, por lo tanto, una poderosa herramienta para politizar y movilizar a la gente en tiempos de incertidumbre económica, cultural y política. Chantal Mouffe (2005b), que desarrolló la teoría democrática radical del populismo con Ernesto Laclau como una lógica general de identificación política, ha comentado con preocupación que las articulaciones populistas en muchísimos casos a princi pios de este milenio han estado ligadas a la exclusión hostil de otros por motivos étnicos. Este populismo conduce al odio y a confrontaciones que no hacen avanzar a la sociedad. En lugar del «agonismo» de la coexistencia polifónica de los diferentes intereses sociales que pide Mouffe (2002), el resultado es el antagonismo, que puede tener consecuencias sociales devastadoras. La deriva del populismo hacia regímenes autoritarios en algunos países, suprimiendo el pluralismo, las ideologías y otras voces, hace temer el fortalecimiento de regímenes nacionalistas totalitarios y extremistas como los movimientos de masas fascistas y nazis de los años 1930.

Como el populismo se construye de forma contingente en contextos y tiempos específicos, es de esperar que el contexto del populismo en el siglo XXI sea decisivamente diferente al de los años 1930. Hay que creer que, al menos en las democracias liberales consolidadas, los sistemas políticos no se derrumban por culpa del populismo, sino que este actúa como un medio de politización que evoca la democracia, pone de relieve los puntos de dolor social de la época y reconfigura el terreno político para satisfacer mejor las demandas ciudadanas. Si este es el futuro o no, dependerá de nuestra capacidad para resolver las crisis globales causadas por la pandemia de la COVID-19 y el cambio climático, de tal forma que la mayoría de las personas que viven en democracias confíen en el sistema democrático y sientan que sus necesidades y demandas son escuchadas y atendidas en las decisiones políticas. Para ello, el papel de los medios de comunicación será vital.

Por primera vez en su historia, los gigantes de las redes sociales de origen estadounidense Facebook y Twitter cerraron las cuentas del líder político de la nación durante las violentas secuelas de la derrota de Donald Trump en las elecciones presidenciales de 2020-2021. Por muy necesaria que fuera esta señal, el procedimiento no resuelve el problema de la lógica algorítmica de las redes sociales y la apelación emocional en la construcción de comunidades polarizadoras. Por el contrario, el acto parece peligroso y arbitrario respecto de la importancia de las redes sociales como foro de oposición política seria tanto en contextos autoritarios como en democracias liberales. Así, la única solución razonable al problema parece ser la regulación democrática de las redes sociales con base en la ley y realizada por las propias plataformas. De este modo, se eliminan eficazmente los contenidos que siembran el odio y la violencia contra individuos o grupos particulares y se restringe la creación de comunidades sobre estas bases a través de sus algoritmos. Solo así las redes sociales pueden cumplir sus funciones utópicas como plataforma para el pluralismo democrático y servir de foro para las identificaciones políticas que promueven cambios sociales progresistas en lugar de tendencias autoritarias (cf. Fenton, 2016).

Bibliografía

Aalberg, Toril; Esser, Frank; Reinemann, Carsten; Stromback, Jesper y De Vreese, Claes (eds.) (2017), *Populist political communication in Europe*, Nueva York: Routledge.

Adams, James; Clark, Michael; Ezrow, Lawrence y Glasgow, Garrett (2004), «Understanding change and stability in party ideologies: Do parties respond to public opinion or to past election results?», *British Journal of Political Science* 34:4, 589-610.

Adorno, W. Theodor; Frenkel-Brunswik, Else y Levinson, Daniel J. (1950), *The authoritarian personality*, Nueva York: Harper y Brothers.

Akkerman, Tjitske (2011), «Friend or foe? Right-wing populism and the popular press in Britain and the Netherlands», *Journalism* 12:8, 931-945.

Akkerman, Tjitske; de Lange, Sarah L. y Rooduijn, Matthijs (eds.) (2016), *Radical right-wing populist parties in Western Europe: Into the mainstream?*, Nueva York: Routledge.

Albertazzi, Daniele y McDonnell, Duncan (eds.) (2008), *Twenty-first century populism*, Basingstoke y Nueva York: Palgrave Macmillan.

Albertazzi, Daniele y McDonnell, Duncan (2015), *Populist inpower*, Nueva York: Routledge.

Allern, Sigurd y Pollack, Ester (2016), «Nordic political scandals - Frequency, type and consequences», en Mark Ludwig, Thomas

Schierl y Christian von Sikorski (eds.), *Mediated scandals*, Colonia: Halem, 146-163.

Althusser, Louis (1971), «Ideology and ideological state apparatuses», en Louis Althusser (ed.), *Lenin and philosophy and other essays*, traducción de Ben Brewster, Londres: NLB, 121-176.

Ampuja, Marko (2012), *Theorizing globalization: A critique of the mediatization of social theory*, Leiden: Brill.

Anderson, Benedict (1983), *Imagined communities: Reflections and the origin and spread of nationalism*, Londres: Verso.

Anderson, Julia; Bergamini, Enrico; Brekelmans, Sybrand; Cameron, Aliénor; Darvas, Zsolt; Domínguez Jiménez, Marta; Lenaerts, Klaas y Midões, Catarina (2020), *The fiscal response to the economic fallout from the coronavirus*, Bruselas: Bruegel.

Arditi, Benjamin (2005), «Populism as internal periphery of democratic politics», en Francisco Panizza (ed.), *Populism in the mirror of democracy*, Londres: Verso, 72-98.

—, (2010), «Populism is hegemony is politics? On Ernesto Laclau's On Populist Reason», *Constellations: An International Journal of Critical y Democratic Theory* 17:3, 488-497.

Aristóteles (2014), *Retórica*, traducción de Alberto Bernabé, Madrid: Alianza Editorial.

Aslanidis, Paris (2016), «Is populism an ideology? A refutation and a new perspective», *Political Studies* 64:1, 88-104.

Bal, Mieke (2002), *Travelling concepts in the humanities: A rough guide*, Toronto: University of Toronto Press.

Bale, Tim; Kessel, Stijn van y Taggart, Paul (2011), «Thrown around with abandon? Popular understandings of populism as conveyed by the print media: A UK case study», *Acta Politica* 46:2, 111-131.

Barros, Thomas Zicman de (2020), «4. Brazil», en Giorgios Katsambekis y Yannis Stavrakakis (eds.), *Populism and the pandemic: A collaborative report*, Salónica: Populismus, 18-20.

Bartlett, Jamie; Birdwell, Jonathan y Littler, Mark (2011), *The new face of digital populism*, Londres: Demos.

Baudrillard, Jean (1995), *The Gulf War did not take place*, Indiana: Indiana University Press.

—, (1998 [1981]), «Simulacra and simulations», en Mark Poster (ed.), *Jean Baudrillard: Selected writings*, Cambridge/Oxford: Polity, 169-187.

Bauman, Zygmunt (2000), *Liquid modernity*, Cambridge: Polity Press.

Bay, Ann-Helen; Finseraas, Henning y West Pedersen, Axel (2013), «Welfare dualism in two Scandinavian welfare states: Public opinion and party politics», *West European Politics* 36:1, 199-220.

Beck, Ulrich (1992), *Risk society: Towards a new modernity*, Londres: Sage.

—, (1999), *What is globalization?*, Cambridge: Polity Press.

Billig, Michael (2001), «Humour and hatred: The racist jokes of the Ku Klux Klan», *Discourse y Society*, 12:3, 267-289.

Boomgaarden, Hajo G. y Vliegenthart, Rens (2007), «Explaining the rise of anti-immigrant parties: The role of news media content», *Electoral Studies* 26:2, 404-417.

Borchers, Callum (2016), «Yes, Donald Trump has been good for the media business», *The Washington Post* 25.10.2016.

Borg, Sami (2012), *Muutosvaalit 2011*, Helsinki: Oikeusministeriö.

Bos, Linda; Van Der Brug, Wouter y De Vreese, Claes (2011), «How the media shape perceptions of right-wing populist leaders», *Political Communication* 28:2, 182-206.

Bowman, Paul (2007), «The disagreement is not one: The populisms of Laclau, Ranciere and Arditi», *Social Semiotics* 17:4, 540-545.

Boyne, Roy y Rattansi, Ali (1990), *Postmodernism and society*, Londres: Macmillan.

Brown, Katy y Mondon, Aurelion (2020), «Populism, the media, and the mainstreaming of the far right: *The Guardian*'s coverage of populism as a case study», *Politics* 41:3, 279-295.

Canovan, Margaret (1981), *Populism*, Londres: Junction.

—, (1999), «Trust the people! Populism and the two faces of democracy», *Political Studies* 47: 1, 2-16.

—, (2005), *The people*, Cambridge: Polity Press.

Castells, Manuel (1996), *The rise of the network society*, Oxford: Blackwell.

—, (2007), «Communication, power and counter-power in the network society», *International Journal of Communication* 1, 238-266.

Cerny, Philip G. (1997), «Paradoxes of the competition state: The dynamics of political globalization», *Government and Opposition* 32:2, 251-274.

Chadwick, Andrew (2013), *The hybrid media system: Politics and power*, Oxford: Oxford University Press.

Couldry, Nick (2008), «Mediatization or mediation? Alternative understanding of the emergent space of digital storytelling», *New Media y Society* 10:3, 373-391.

Couldry, Nick y Hepp, Andrew (2017), *The mediated construction of reality*, Nueva York: Wiley.

Curran, Giorel (2004), «Mainstreaming populist discourse: The race-conscious legacy of neo-populist parties in Australia and Italy», *Patt erns of Prejudice* 38:1, 37-55.

Dean, Jonathan y Maiguashca, Bice (2020), «Did somebody say populism? Towards a renewal and reorientation of populism studies», *Journal of Political Ideologies* 25:1, 11-27.

De Ipola, Emilio (1983), *Ideología y discurso populista,* Buenos Aires: Folios.

De la Torre, Carlos (ed.) (2019), *Routledge handbook of global populism*, Londres: Routledge.

Eatwell, Roger y Goodwin, Matthew (2018), *National populism: The revolt against liberal democracy*, Londres: Penguin Random House.

Elmgren, Ainur (2015), «The Nordic ideal: Openness and populism according to the Finns Party», en Norbert Gotz y Carl Marklud (eds.), *The paradox of openness: Transparency and participation in Nordic cultures of consensus*, Leiden: Brill, 91-119.

Engesser, Sven; Ernst, Nicole; Esser, Frank y Büchel, Florin (2017), «Populism and social media: How politicians spread fragmented ideology», *Information, Communication and Society* 20:8, 1109-1126.

Ernst, Nicole; Engesser, Sven; Büchel, Florin; Blassnig, Sina y Esser, Frank (2017), «Extreme parties and populism: An analysis of Facebook and Twitter across six countries», *Information, Communication and Society* 20:9, 1347-1364.

Esping-Anderssen, Gøsta (1999), *Social foundations of post -industrial economies*, Oxford: Oxford University Press.

Esser, Frank; Stepinska, Agnieszka y Hopmann, David Nicolas (2017), «Populism and the media: Cross-national findings and perspectives», en Toril Aalberg, Frank Esser, Carsten Reinemann, Jesper Strombiick y Claes De Vreese (eds.), *Populist political communication in Europe*, Nueva York: Routledge, 365-380.

Esser, Frank y Stromback, Jesper (eds.) (2014), *Mediatization of politics: Understanding the transformation of Western democracies*, Hampshire: Palgrave Macmillan.

Fenton, Natalie (2016), *Digital, political, radical*, Cambridge: Polity Press.

Fiske, John (1992), «Popularity and the politics of information», en Peter Dahlgren y Colin Sparks (eds.), *Journalism and popular culture*, Londres: Sage, 45-63.

Fornäs, Johan (1995), *Cultural theory and late modernity*, Londres: Sage.

Fraser, Nancy (1992), «Rethinking the public sphere: A contribution to the critique of actually existing democracy», en Graig Calhoun (ed.), *Habermas and the public sphere*, Cambridge: The MIT Press, 109-142.

Freeden, Michael (1996), *Ideologies and political theory: A conceptual approach*, Oxford: Clarendon Press.

Fukuyama, Francis (1992), *The end of history and the last man*, Londres: Free Press.

Gaertner, Wulf (2006), *A primer in social choice theory*, Oxford: Oxford University Press.

Ghodsee, Kristen (2008), «Left-wing, right-wing, everything: Xenophobia, neo-totalitarianism, and populist politics in Bulgaria», *Problems of PostCommunism* 55:3, 26-39.

Giddens, Anthony (1991), *Modernity and self-identity: Self and society in the late modern age*, Londres: Polity Press.

Glynos, Jason y Howarth, David (2007), *Logics of critical explanation in social and political theory*, Londres: Routledge.

Glynos, Jason y Stavrakakis, Yannis (2004), «Encounters of the real kind: Sussing out the limits of Laclau's embrace of Lacan», en Simon Critchley y Oliver Marchart (eds.), *Laclau: A critical Reader*, Londres: Routledge, 201-216.

Goyvaerts, Jana y De Cleen, Benjamin (2020), «Media, anti-populist discourse, and the dynamics of the populism debate», en Benjamín Kramer (ed.), *Perspectives on populism and the media - Avenues for research*, Baden resecar: Nomos, 83-108.

Gramsci, Antonio (2011 [1947]), *Prison notebooks*, traducción de Joseph A. Buttigieg y Antonio Callari, Nueva York: Columbia University Press.

Groshek, Jacob y Koc-Michalska, Karolina (2017), «Helping populism win? Social media use, filter bubbles, and support for populist presidential candidates in the 2016 US election campaign», *Information, Communication y Society* 20:9, 1389-1407.

Guardino, Matt y Snyder, Dean (2012), «The Tea Party and the crisis of neoliberalism: Mainstreaming new right populism in the corporate news media», *New Political Science* 34:4, 527-548.

Gürhanli, Halil (2018), «Populism on steroids: Erdoganists and their enemies in Turkey», en Urpo Kovala, Emilia Palonen, Maria Ruotsalainen y Tuija Saresma (eds.), *Populism on the loose*, Jyväskylä: University of Jyväskylä, 53-80.

Habermas, Jürgen (1989 [1962]), *The structural transformation of the public sphere*, traducción de Thomas Burger, Cambridge: The MIT Press.

Hadiz, Vedi R. (2016), *Islamic populism in Indonesia and the Middle East*, Cambridge: Cambridge University Press.

Hadiz, Vedi R. y Chryssogelos, Angelos (2017), «Populism in world politics: A comparative cross-regional perspective», *International Political Science Review* 38:4, 399-411.

Hadiz, Vedi R. y Robinson, Richard (2017), «Competing populisms in postauthoritarian Indonesia», *International Political Science Review* 38:4, 488-502.

Hall, Stuart (1992), «The question of cultural identity», en Stuart Hall, y David Held y Anthony G. McGrew (eds.), *Modernity and its futures*, Londres: Polity and Open University Press.

—, (1988), «The toad in the garden: Thatcherism among the theorists», en Cary Nelsson y Lawrence Grossberg (eds.), *Marxism and interpretation of culture*, Londres: Macmillan, 35-57.

Hallin, Daniel C. y Mancini, Paolo (2004), *Comparing media systems: Three models of media and politics*, Cambridge: Cambridge University Press.

Hallin, Daniel C. y Mancini, Paolo (eds.) (2012), *Comparing media systems: Beyond the Western world*, Cambridge: Cambridge University Press.

Hameleers, Michael y Schmuck, Desirée (2017), «It's us against them: A comparative experiment on the effects of populist messages communicated via social media», *Information, Communication y Society* 20:9, 1425-1444.

Harvey, David (2005), *A brief history of neoliberalism*, Oxford: Oxford University Press.

Hatakka, Niko (2017), «When logics of party politics and online activism collide: The populist Finns Party's identity under negotiation», *New Media y Society* 19:12, 2022-2038.

—, (2019), *Populism in the hybrid media system: Populist radical right online counterpublics interacting with journalism, party politics and citizen activism*, Turku: University of Turku.

—, (2020), *The profiteers of fear? Right-wing populism and the COVID-19 crisis in Europe: Finland*, Bonn: Friedrich Ebert Stiftung.

Hatakka, Niko; Niemi, Mari K. y Valimaki, Matti (2017), «Confrontational yet submissive: Calculated ambivalence and populist parties' strategies of responding to racism accusations in the media», *Discourse y Society* 28:3, 262-280.

Hawkins, Kirk A. y Kaltwasser, Cristóbal Rovira (2017), «The ideational approach to populism», *Latin American Research Review* 52:4, 513-528.

Helander, Voitto (ed.) (1971), *Vennamolaisuus populistisena joukkoliikkeenii*, Hameenlinna: Karisto.

Held, David y McGrew, Anthony (2002), *Globalization/Anti-globalization*, Nueva York: Wiley.

Hennessy, Alistair (1969), «Latin America», en Ghita Ionescu y Ernest Gellner (eds.), *Populism: Its meanings and national characteristics*, Londres: Weidenfeld and Nicolson, 28-61.

Herkman, Juha (2016), «Construction of populism: Meanings given to populism in the Nordic press», *Nordicom Review* 37 (número especial), 147-161.

—, (2017a), «Articulations of populism: The Nordic case», *Cultural Studies* 31:4, 470-488.

—, (2017b), «The life cycle model and press coverage of Nordic populist parties», *Journalism Studies* 18:4, 430-448.

—, (2018), «Old patterns on new clothes? Populism and political scandals in the Nordic countries», *Acta Sociologica* 61:4, 341-355

Herkman, Juha y Jungar, Ann-Cathrine (2021), «Populism and media and communication studies in the Nordic countries», en Eli Skogerbø, Øyvind Ihlen, Nete Norgaard Kristensen y Lars Nord (eds.), *Power, communication, and politics in the Nordic countries*, Nordicom: Gothenburg, 241-261.

Herkman, Juha y Matikainen, Janne (2016), «Neo-populist scandal and social media: The Finnish Olli Immonen affair», en Camil Demirhan y Derya CakirDemirhan (eds.), *Political scandal.*

—, (2019), «Right-wing populism, media and political scandal», en Howard Tumber y Silvio Waisbord (eds.), *The Routledge companion to media and scandal*, Londres: Routledge, 147-155.

Hindmoor, Anrew (2006), *Rational choice*, Londres: Palgrave Macmillan.

Hjarvard, Stig (2013), *The mediatization of culture and society*, Londres: Routledge.

Hobsbawm, Eric (1994), *The age of extremes: The short Twentieth century 1914-1991*, Londres: Penguin Group.

Hobsbawm, Eric y Ranger, Terence (eds.) (1983), *The invention of tradition*, Cambridge: Cambridge University Press.

Hofstadter, Richard (1969), «North America», en Ghita Ionescu y Ernest Gellner (eds.), *Populism: Its meanings and national characteristics*, Londres: Weidenfeld and Nicolson, 9-27.

Horowitz, Shale y Browne, Eric (2004), «Post-communist party systems: Institutions and ideologies», *APSA Conference Papers*, 1-25.

Ionescu, Ghita (1969), «Eastern Europe», en Ghita Ionescu y Ernest Gellner (eds.), *Populism: Its meanings and national characteristics*, Londres: Weidenfeld and Nicolson, 97-121.

Ionescu, Ghita y Gellner, Ernest (eds.) (1969), *Populism: Its meanings and national characteristics*, Londres: Weidenfeld and Nicolson.

Jagers, Jan y Walgrave, Stefan (2007), «Populism as political communication style: An empirical study of political parties' discourse in Belgium», *European Journal of Political Research* 46:3, 319-345.

Jameson, Fredric (1991), *Postmodernism, or, the cultural logic of late capitalism*, Londres: Verso.

Jenkins, Henry (2008), *Convergence culture: Where old and new media collide*, Nueva York: New York University Press.

Jessop, Bob (2002), «Liberalism, neoliberalism, and urban governance: A statetheoretical perspective», *Antipode: A Radical Journal of Geography* 34:3, 452-472.

Jungar, Ann-Cathrine (2017), *Populism i Norden: Fran marginalen mot den politiska mittfrån*, Helsingfors: Tankesmedjan Agenda.

Jungar, Ann-Cathrine y Jupskas, Anders Ravik (2014), «Populist radical right parties in the Nordic region: A new and distinct party family?», *Scandinavian Political Studies* 37:3, 215-238.

Kaltwasser, Cristóbal Rovira; Taggart, Paul y Espejo, Paulina Ochoa y Ostiguy, Pierre (eds.) (2017), *The Oxford handbook of populism*, Oxford: Oxford University Press.

Katsambekis, Giorgos y Stavrakakis, Yannis (eds.) (2020), *Populism and the pandemic: A collaborative report*, Salónica: Populismus.

Kim, Seongscheol (2020), «8. Hungary», en Giorgios Katsambekis y Yannis Stavrakakis (eds.), *Populism and the pandemic: A collaborative report*, Salónica: Populismus, 29-30.

Klinger, Ulrike y Svensson, Jakob (2015), «The emergence of network media logic in political communication: A theoretical approach», *New Media y Society* 17:8, 1241-1257.

Koselleck, Reinhart (1989), «Linguistic change and the history of events», *The Journal of Modern History* 61:4, 649-666.

Kramer, Benjamin (2014), «Media populism: A conceptual clarification and some theses on its effects», *Communication Theory* 24:1, 42-60.

—, (2017), «Populist online practices: The function of the Internet in right-wing populism», *Information, Communication y Society* 20:9, 1293-1309.

Krastev, Ivan (2011), «The age of populism: Reflections on the self-enmity of democracy», *European View* 10:1, 11-16.

Kriesi, Hanspeter y Pappas, Takis (eds.) (2015), *European populism in the shadow of the Great Recession*, Colchester: ECPR Press.

Krotz, Friedrich (2007), «The meta-process of "mediatization" as a conceptual frame», *Global Media and Communication* 3:3, 256-260.

Lacan, Jacques (1977), Écrits: *A selection*, Nueva York: Norton.

Laclau, Ernesto (1977), *Politics and ideology in Marxist theory*, Londres: Verso.

—, (2005), *On populist reason*, Londres: Verso.

Laclau, Ernesto y Mouffe, Chantal (1985), *Hegemony y socialist strategy: Towards a radical democratic politics*, Londres: Verso.

Latour, Bruno (1993), *We have never been modern*, Cambridge, Massachusetts: Harvard University Press.

Leconte, Cécile (2010), *Understanding Euroscepticism*, Basingstoke: Palgrave Macmillan.

—, (2015), «From pathology to mainstream phenomenon: Reviewing the Euroscepticism debate in research and theory», *International Political Science Review* 36:3, 250-263.

Levitsky, Steven y Loxton, James (2012), «Populism and competitive authoritarianism: The case of Fujimori's Peru», en Cas Mudde y Cristóbal Rovira Kaltwasser (eds.), *Populism in Europe and Americas: Threat or corrective for democracy?*, Cambridge: Cambridge University Press, 160-181.

Lochocki, Timo (2017), *The rise of populism in Western Europe: A media analysis on failed political messaging*, Nueva York: Springer.

Lowndes, Joseph (2020), «16. United States of America», en Giorgios Katsambekis y Yannis Stavrakakis (eds.), *Populism and the pandemic: A collaborative report*, Salónica: Populismus, 53-56.

Lyotard, Jean-Francois (1984), *The postmodern condition: A report on knowledge*, Minnesota: University of Minnesota Press.

MacRae, Donald (1969), «Populism as an ideology», en Ghita Ionescu y Ernest Geller (eds.), *Populism: Its meanings and national characteristics*, Londres: Weidenfeld and Nicolson, 153-165.

Manin, Bernard (1997), *The principles of representative government*, Cambridge: Cambridge University Press.

Marchart, Oliver (2007), *Post-foundational political thought: Political difference in Nancy, Lefort, Badiou and Laclau*, Edimburgo: Edinburg University Press.

Mazzoleni, Gianpietro (2008), «Populism and the media», en Danie-le Albertazzi y Duncan McDonnell (eds.). *Twenty-first century populism: The spectre of Western European democracy*, Hampshire: Palgrave Macmillan, 49-64.

—, (2014), «Mediatization and political populism», en Frank Esser y Jesper Stromback (eds.), *Mediatization of politics: Understanding the transformation of Western democracies*, Basingstoke y Nueva York: Palgrave Macmillan, 42-56.

Mazzoleni, Gianpietro y Schulz, Winfried (1999), «Mediatization of politics: A challenge for democracy?», *Political Communication* 16:3, 247-261.

Mazzoleni, Gianpietro; Stewart, Julianne y Horsfield, Bruce (eds.) (2003), *The media and neo-populism: A contemporary comparative analysis*, Westport: Praeger.

McGuigan, Jim (1992), *Cultural populism*, Londres: Routledge.

Mény, Yves y Surel, Yves (eds.) (2002), *Democracies and the populist challenge*, Basingstoke: Palgrave.

Meyer, Thomas (2002), *Media democracy: How the media colonize politics*, Cambridge: Polity Press.

Minogue, Kenneth (1969), «Populism as a political movement», en Ghita Ionescu y Ernest Geller (eds.), *Populism: Its meanings and national characteristics*, Londres: Weidenfeld and Nicolson, 197-211.

Moffitt, Benjamin (2016), *The global rise of populism: Performance, political style, and representation,* Stanford: Stanford University Press.

—, (2020), *Populism. Key concepts in political theory*, Cambridge: Polity.

Moffitt, Benjamin y Tormey, Simon (2014), «Rethinking populism: Politics, mediatisation and political style», *Political Studies* 62:2, 381-397.

Morgan, Edmund S. (1988), *Inventing the people: The rise of popular sovereignty in England and America*, Nueva York: W.W. Norton.

Mouffe, Chantal (2002), «For an agonistic public sphere», en Meta Bauer *et al.* (eds.), *Democracy unrealized*, Ostfildern-Ruit: Hatje Cantz Publishers, 87-96.

—, (2005a), *On the political*, Londres: Routledge.

—, (2005b), «The "end of politics" and the challenge of right-wing populism», en Francisco Panizza (ed.), *Populism in the mirror of democracy*, Londres: Verso, 50-71.

Mudde, Cas (2000), *The ideology of the extreme right*, Nueva York: Manchester University Press.

—, (2004), «The populist Zeitgeist», *Government and Opposition* 39:4, 542-563.

—, (2007), *Populist radical right parties in Europe*, Cambridge: Cambridge University Press.

—, (2017), «Populism: An ideational approach», en Cristóbal Rovira Kaltwasser, Paul Taggart, Paulina Ochoa Espejo y Pierre Ostiguy (eds.), *The Oxford handbook of populism*, Oxford: Oxford University Press, 27-47.

—, (2019), *The far right today*, Cambridge: Polity Press.

Mudde, Cas y Kaltwasser, Cristóbal Rovira (2012a), «Populism and (liberal) democracy: A framework for analysis», en Cas Mudde y Cristóbal Rovira Kaltwasser (eds.), *Populism in Europe and Americas: Threat or corrective far democracy?*, Cambridge: Cambridge University Press, 1-26.

—, (2012b), «Populism: Corrective and threat to democracy», en Cas Mudde y Cristóbal Rovira Kaltwasser (eds.), *Populism in Europe and Americas: Threat or corrective far democracy?*, Cambridge: Cambridge University Press, 205-222.

—, (2019), *Populismo: una breve introducción*, Madrid: Alianza Editorial

Müller, Jan-Werner (2016), *What is populism?*, Filadelfia: University of Philadelphia Press.

Murdock, Graham (2020), «Profits of deceit: Performing populism in polarized times», *European Journal of Cultural Studies* 23:6, 874-899.

Negrine, Ralph; Mancini, Paolo; Holtz-Bacha, Christina y Papathanassopoulos, Stylianos (eds.) (2007), *The professionalisation of political communication*, Changing Media, Changing Europe: volumen 3, Bristol: Intellect.

Norris, Pippa e Inglehart, Ronald (2019), *Cultural backlash: Trump, Brexit, and authoritarian populism*, Cambridge: Cambridge University Press.

Palonen, Emilia (2009), «Political polarisation and populism in contemporary Hungary», *Parliamentary Affairs* 62:2, 318-334.

Palonen, Kari (2003), «Four times of politics: Policy, polity, politicking and politicization», *Alternatives* 28:2, 171-186.

Panizza, Francisco (ed.) (2005), *Populism in the mirror of democracy*, Londres: Verso.

Pappas, Takis S. (2019), *Populism and liberal democracy: A comparative and theoretical analysis*, Oxford: Oxford University Press.

Perelló, Gloria y Biglieri, Paula (2012), «On the debate around Immanence and Transcendence», *Cultural Studies* 26:2-3, 319-329.

Plasser, Fritz y Ultram, Peter A. (2003), «Striking a responsive chord: Mass media and right-wing populism in Austria», en Gianpietro Mazzoleni; Julianne Stewart y Bruce Horsfield (eds.), *The media and neo-populism: A contemporary comparative analysis*, Westport, CT: Praeger, 21-43.

Reinemann, Carsten; Matthes, Jörg y Sheafer, Tamir (2017), «Citizens and populist political communication: Cross-National findings and perspectives», en Toril Aalberg *et al.* (eds.), *Populist political communication in Europe*, Nueva York: Routledge, 381-394.

Reinemann, Carsten; Stanyer, James; Aalberg, Toril; Esser, Frank y De Vreese, Claes (eds.) (2019), *Communicating populism: Comparing actor perceptions, media coverage, and effects on citizens in Europe*, Londres: Routledge.

Rodan, Garry (2012), «Competing ideologies of political representation in Southeast Asia», *Third World Quarterly* 33:2, 311-332.

Roodjuin, Matthijs (2014), «The mesmerising message: The diffusion of populism in public debates in Western European media», *Political Studies* 62:4, 726-744.

Rosanvallon, Pierre (2008), *Counter-democracy: Politics in the age of trust*, Cambridge: Cambridge University Press.

Rydgren, Jens (2010), «Radical right-wing populism in Denmark and Sweden: Explaining party system change and stability», *The SAIS Review of International Affairs* 30:1, 57-71.

Salmela, Mikko y von Scheve, Christian (2017), «Emotional roots of right-wing political populism», *Social Science Information* 56:4, 567-595.

Salojärvi, Virpi (2016), *The media in the core of political conflict: Venezuela during the last years of Hugo Chávez's presidency*, Helsinki: University of Helsinki.

Sartori, Giovanni (2005), *Partidos y sistemas de partidos*, Madrid: Alianza Editorial.

Saussure, Ferdinand de (1960 [1916]), *Course in general linguistics*, traducción de Albert Reidlinger, Londres: Peter Owen.

Schumpeter, Joseph A. (1949), *Capitalism, socialism and democracy*, Nueva York: Harper.

Shields, James (2014), «The Front National: From systematic opposition to systemic integration?», *Modern y Contemporary France* 22:4, 491-511.

Shils, Edward (1956), *The torment of secrecy,* Londres: William Heinemann.

Skogerbø, Eli; Ihlen, Oyvind; Kristensen; Nete, Norgaard y Nord, Lars (eds.) (2021), *Power, communication, and politics in the Nordic countries*, Nordicom: Gothenburg.

Stanley, Ben (2008), «The thin ideology of populism», *Journal of Political Ideologies* 13:1, 95-110.

Stanyer, James (2007), *Modern political communication*, Cambridge: Polity.

Stewart, Angus (1969), «The social roots», en Ghita Ionescu y Ernest Gellner (eds.), *Populism: Its meanings and national characteristics*, Londres: Weidenfeld and Nicolson, 180-196.

Stewart, Julianne; Mazzoleni, Gianpietro y Horsfield, Bruce (2003), «Conclusion: Power to the media managers», en Gianpietro Mazzoleni; Julianne Stewart y Bruce Horsfield (eds.), *The media and neo-populism: A contemporary comparative analysis*, Westport, CT: Praeger, 217-236.

Stier, Sebastian; Posch, Lisa; Bleier, Arnim y Strohmaier, Markus (2017), «When populists become popular: Comparing Facebook use by the right-wing movement Pediga and German political parties», *Information, Communication y Society* 20:9, 1365-1388.

Stromback, Jesper (2008), «Four phases of mediatization: An analysis of the mediatization of politics», *The International Journal of Press/Politics* 13:3, 228-246.

Stromback, Jesper; Orsten, Mark y Aalberg, Toril (eds.) (2008), *Communicating politics: Political communication in the Nordic countries*, Gotemburgo: Nordicom.

Sumiala, Johanna (2013), *Media and ritual: Death, community and everyday life*, Londres: Routledge.

Syvertsen, Trine; Enli, Gunn; Mjøs, Ole J. y Moe, Hallvard (2014), *The media welfare state: Nordic media in the digital era*, Michigan: The University of Michigan Press.

Taggart, Paul (2000), *Populism,* Buckingham: Open University Press.

—, (2002), «Populism and the pathology of representative politics», en Yves Mény e Yves Surel (eds.), *Democracies and the populist challenge*, Basingstoke: Palgrave, 62-80.

Taggart, Paul y Szczerbiak, Aleks (2002), «Europeanisation, Euroscepticism and party systems: Party-based Euroscepticism in the candidate states of Central and Eastern Europe», *Perspectives on European Politics and Society* 3:1, 23-41.

Taguieff, Pierre-André (2002), *L'Illusion populiste*, París: Berg International.

Thompson, B. John (1995), *The media and modernity: A social theory of the media,* Cambridge: Polity Press.

—, (2000), *Political scandal: Power and visibility in the media age*, Cambridge: Polity Press.

Thompson, Mark R. (2010), «Populism and the revival of reform: Competing political narratives in the Philippines», *Contemporary Southeast Asia* 32:1, 1-28.

Van Dijck, Jose y Poell, Thomas (2013), «Understanding social media logic», *Media and Communication* 1:1, 2-14.

Vesa, Juho (2016), *Päätöksenteon avoimuus ja medioituminen Suomen konsensusdemokratiassa*, Helsinki: Helsingin yliopisto.

Vincent, Louise (2011), «Seducing the people: Populism and challenge to democracy in South Africa», *Journal of Contemporary African Studies* 29:1, 1-14.

Waisbord, Silvio y Amado, Adriana (2017), «Populist communication by digital means: Presidential Twitter in Latin America», *Information, Communication y Society* 20:9, 1330-1346.

Walgrave, Stefaan y De Swert, Knut (2004), «The making of the (Issues of the) Vlaams Blok, *Political Communication* 21:4, 479-500.

Walicki, Andrej (1969), «Russia», en Ghita Ionescu y Ernest Gellner (eds.), *Populism: Its meanings and national characteristics*, Londres: Weidenfeld and Nicolson, 62-96.

Wettstein, Martin; Esser, Frank; Schulz, Anne; Wirz, Dominique S. y Wirth, Werner (2018), «News media as gatekeepers, critics, and initiators of populist communication: How journalists in ten countries deal with the populist challenge», *The International Journal of Press/Politics* 23:4, 476-495.

WHO (2021) WHO Corona virus disease (Covid-19) dashboard, https:// covid l9.who.int/, consultado el 10 de enero de 2021.

Wiles, Peter (1969), «A syndrome, not a doctrine», en Ghita Ionescu y Ernest Gellner (eds.), *Populism: Its meanings and national characteristics*, Londres: Weidenfeld and Nicolson, 166-179.

Williams, Raymond (1988), *Keywords: A vocabulary of culture and society*, Londres: Fontana.

Wodak, Ruth (2013), «"Anything goes!" The Haiderization of Europe», en Ruth Wodak; Majid KhosraviNik y Brigette Mra (eds.), *Right-wing populism in Europe: Politics and discourse*, Londres: Bloomsbury, 23-37.

—, (2015), *The politics of fear: What populist right-wing discourses mean?*, Londres: Sage.

Worsley, Peter (1969), «The concept of populism», en Ghita Ionescu y Ernest Gellner (eds.), *Populism: Its meanings and national characteristics*, Londres: Weidenfeld and Nicolson, 212-250.

Zaslove, Andrej (2008), «Here to stay? Populism as a new party type», *European Review* 16:3, 319-336.

Žižek, Slavoj (1989), *The sublime object of ideology*, Londres: Verso.

Índice analítico